やさしい洋ランの育て方事典

広田哲也 監修

成美堂出版

やさしい洋ランの育て方事典

CONTENTS

本書の上手な使い方 …… 6

カトレア / ミニカトレア / ソフロレリアカトレア
華やかで凛とした「蘭の女王」

- 品種カタログ …… 8
- 栽培早見表 …… 22
- 原産地と花の特徴 …… 23
- よい株の条件 …… 24
- 置き場所 …… 25
- 花芽のサインを見逃さない …… 25
- 水やり …… 26
- 肥料やり …… 27
- よい花を咲かせるポイント …… 27
- 花茎切り …… 28
- 病気・害虫 …… 29
- 鉢増しの方法 …… 30
- 株分けの方法 …… 32
- コルクづけの方法 …… 38

ファレノプシス
胡蝶蘭と呼ばれる人気品種

- 品種カタログ …… 40
- 栽培早見表 …… 44
- 原産地と花の特徴 …… 45
- よい株の条件 …… 46
- よい花を咲かせるポイント …… 46
- 置き場所 …… 47
- 花芽のサインを見逃さない …… 47
- 水やり …… 48
- 肥料やり …… 49
- 花茎切り …… 50
- 高芽取り …… 50
- 2番花を咲かせる …… 51
- 鉢増しの方法 …… 52
- ギフト用鉢の植え替え …… 54
- 支柱立て …… 58

デンドロビウム / デンファレ
多品種が楽しめる春先のラン

- 品種カタログ …… 60
- 栽培早見表 …… 70

■ パフィオペディラム
別名は「ビーナスのスリッパ」……89

- 原産地と花の特徴 ……71
- よい株の条件 ……72
- 置き場所 ……72
- 害虫 ……72
- 肥料やり ……73
- 水やり ……73
- 高芽取り ……74
- 鉢増しの方法 ……75
- 株分けの方法 ……76
- よい花を咲かせるポイント ……78
- ヘゴ板づけ ……81
- 杉板づけ ……82
- 支柱立て ……85
- 品種カタログ ……88
- 栽培早見表 ……90
- 原産地と花の特徴 ……96,97

■ バンダ
葉を左右に付けて長い根を持つ ……109

- よい株の条件 ……98
- 置き場所 ……98
- 花茎切り ……99
- よい花を咲かせるポイント ……99
- 水やり ……100
- 肥料やり ……101
- 病害虫 ……101
- 株分けの方法 ……102
- 鉢増しの方法 ……104
- 支柱立て ……108
- 品種カタログ ……110
- 栽培早見表 ……114
- 原産地と花の特徴 ……115
- よい株の条件 ……116
- 置き場所 ……117
- よい花を咲かせるポイント ……117

■ アングレカム
大小さまざまな種が楽しめる ……123

- 水やり ……118
- 肥料やり ……118
- 花茎切り ……119
- バスケット植え ……120
- 病害虫 ……122
- 品種カタログ ……124
- 栽培早見表 ……126

■ シンビジウム
贈答花として人気の「冬のラン」……133

- 品種カタログ……134
- 栽培早見表……136
- 原産地と花の特徴……137
- よい株の条件……138
- 置き場所……138
- 花茎切り……139
- 病害虫……139
- よい花を咲かせるポイント……139
- 水やり……140

- 原産地と花の特徴……127
- 肥料やり……128
- 水やり……128
- 花茎切り……129
- よい花を咲かせるポイント……129
- 鉢増しの方法……130
- コルクづけの方法……131

- 肥料やり……140
- 鉢増しの方法……141
- 株分けの方法……143
- 新芽かき……146

■ オンシジウム
可憐な黄色の花が人気……147

- 品種カタログ……148
- 栽培早見表……152
- 原産地と花の特徴……153
- よい株の条件……154
- 置き場所……154
- 花茎切り……155
- 病害虫……155
- よい花を咲かせるポイント……155
- 水やり……156
- 肥料やり……156
- 鉢増しの方法……157
- 株分けの方法……158

■ セロジネ
初心者向けの香りよいラン……161

- 品種カタログ……162
- 栽培早見表……166
- 原産地と花の特徴……167
- よい株の条件……168
- 置き場所……168
- 水やり……169
- 肥料やり……169
- 花茎切り……169
- 鉢増しの方法……170
- 株分けの方法……171

■ バルボフィラム
独特な花姿が魅力の最大属……173

- 品種カタログ……174

エピデンドラム
多様な種を持つ「星の蘭」 …… 185

- 原産地と花の特徴 …… 186
- 栽培早見表 …… 190
- 品種カタログ …… 191
- よい花を咲かせるポイント …… 191
- よい株の条件 …… 192
- 置き場所 …… 192

- 栽培早見表 …… 178
- 原産地と花の特徴 …… 179
- よい株の条件 …… 180
- 置き場所 …… 180
- 水やり …… 181
- 肥料やり …… 181
- 花茎切り …… 181
- 鉢増しの方法 …… 182
- 株分けの方法 …… 183
- コルクづけの方法 …… 184

リカステ
三角形の美しい花が特徴 …… 197

- 品種カタログ …… 198
- 栽培早見表 …… 200

- 水やり …… 193
- 肥料やり …… 193
- 花茎切り …… 193
- 鉢増しの方法 …… 194
- 株分けの方法 …… 195

洋ラン基礎知識
基本を押さえて美しい花を咲かせよう …… 205

- 洋ラン栽培の基本 …… 206
- 水やりの基本 …… 208
- 肥料やりの基本 …… 209
- 購入時のポイント …… 210
- ラベルの見方 …… 210
- よい株の選び方 …… 211
- 鉢の選び方 …… 212
- 植込み材の選び方 …… 213
- 必要な道具や資材 …… 214
- 水ゴケのもどし方 …… 215
- 夏と冬の越し方 …… 216
- 病害虫の対策 …… 217
- 交配のポイント …… 218
- 洋ラン基礎用語 …… 220
- 品種カタログ索引 …… 222

- 原産地と花の特徴 …… 201
- よい花を咲かせるポイント …… 201
- よい株の条件 …… 202
- 置き場所 …… 202
- 水やり …… 203
- 肥料やり …… 203
- 病害虫 …… 203
- 鉢増しの方法 …… 204

CONTENTS やさしい洋ランの育て方事典

本書の上手な使い方

本書は、洋ランを属別に分けて次のような構成で紹介しています。好みのランから、ご覧ください。
近年カトレアを中心とした属名やその他の種の中で属名が変更されていますが本書では分かりやすく旧の属名で明記しております。

①品種カタログ

洋ランの属ごとに代表的な有名種から、最新の種、希少な種まで、多彩な品種を紹介しています。また、花の色ごとに掲載しているので、好みの色から品種を探すこともできます。育ててみたい洋ランを選ぶヒントとして、ぜひ活用してください。

●**アイコンの見方** 品種カタログには、温度・湿度・日照について、アイコンで紹介しています。その意味は次のとおりです。それぞれの種の特徴を知る参考として、役立ててください。

原 原種です。交配されていないものです。

温度
- 高 適温 20〜30℃
- 並 適温 13〜25℃
- 低 適温 8〜20℃

湿度
- 高 多湿を好む
- 並 やや多湿を好む
- 低 やや乾燥を好む

日照
- 強 日光を好む
- 並 やや日光を好む
- 弱 弱光を好む

クリスパータ
L.crispata

- 花期：春
- 花径：3〜4cm
- 株高：10〜15cm
- 特徴：非常に綺麗な紫紅色で可愛らしい。花は小さく花茎が15〜20cm伸びて3〜6輪着花します。光を特に好みます。常に明るい場所で管理します。

温度 低／湿度 低／日照 強
原産地：ブラジル 標高：1500m

②栽培早見表

洋ランの属ごとに、年間を通しての栽培管理の方法を一目で分かるようにご紹介しています。置き場所や日当たり、水やり、肥料やり、消毒の方法など、月ごとにどのような作業を行えばよいかが、初心者にも分かりやすく整理されています。

③栽培の基本

原産地と花の特徴をはじめ、よい株の選び方や年間を通しての置き場所、水やり、肥料やりなど、日常の管理で気をつけたいポイントを、各作業ごとに詳しく紹介しています。日常管理に必要な基礎知識を、各属ごとに知ることができます。

④作業のプロセス

洋ランの生長に伴って行う、鉢増しや株分け、花茎切り、コルクづけ、ヘゴ板づけなどの作業手順を、豊富な写真とともに分かりやすく紹介しています。また、作業を行う時期や注意するポイントなども解説しているので、ぜひ参考にしてください。

⑤洋ラン基礎知識

本誌巻末には、洋ラン栽培にまつわる基礎知識を詳しく紹介しています。洋ランの特徴をはじめ、水やりや肥料やりの基本、必要な資材や道具の選び方、ラベルの見方、夏越しと冬越しの方法、病害虫対策、交配、用語集など、役立つ情報が満載です。

カトレア
ミニカトレア
ソフロレリア
カトレリア
カトレア

「蘭の女王」と呼ばれるカトレアは、ランの花の原点。優美で凛とした姿は世界中の愛好家を魅了してやみません。種類も豊富で、属間交配から誕生した品種も続々と登場しています。日本でも多くの交配種が開発され、ますます注目を集めています。

Cattleya

8～21	品種カタログ
22	栽培早見表
23	原産地と花の特徴
24	よい株の条件
25	置き場所
26	水やり
27	肥料やり
28	花茎切り
29	病害虫
30～31	鉢増しの方法
32～37	株分けの方法
38	コルクづけの方法

イザベル ストーン
Lc.Isabelle Stone (MC)

花期：冬　　　　温度 湿度 日照
花径：5～6㎝　　
株高：5～6㎝
特徴：株がコンパクトな割に花は大きく色彩も良いです。小型のレリアの血が強く葉は堅く、光を好むので日当たりのよい所に置いてください。

インペリアル ウィング 'ノーブル'
Lc. Imperial Wing's 'Noble' SM JOGA

花期：冬　　　　温度 湿度 日照
花径：6～7㎝　　
株高：20～25㎝
特徴：株は中型で葉は細く伸びます。数少ない濃赤色の花でビロード状に日を浴びると輝いてみえます。1花茎に1～3輪着花します。

クリスパータ
L.crispata

花期：春　　　　温度 湿度 日照　　原産地
花径：3～4㎝　　強
株高：10～15㎝
特徴：非常に綺麗な紫紅色の花が可愛らしい。花は小さく花茎が15～20㎝伸びて3～6輪着花します。光を特に好みます。常に明るい場所で管理します。

標高：500～800m

ホワイト スパーク 'ユーシン'
Lc.White Spark 'U Shin'

花期：冬　　　　温度 湿度 日照
花径：15～16㎝　並
株高：35～40㎝
特徴：大輪で白の花弁に紫赤のクサビが大きく入る豪華花。株姿は、普通種並です。近年類のない豪華な花で多くの人に喜ばれ、冬から春に咲きます。

温度：高 適温20～30℃　並 適温13～25℃　低 適温8～20℃　　湿度：高 多湿を好む　並 やや多湿を好む　低 やや乾燥を好む　　日照：強 日光を好む　並 やや日光を好む　弱 弱光を好む

カトレア　*Cattleya*

チェリオ 'リム ウッド'
Sl.Cheerio `Lim Wood'

花期：春と秋　花径：2.5〜3cm　株高：15〜18cm
温度 湿度 日照

低　低　強

特徴：株は非常に堅く小型です。花は小さいのですが1花茎に10〜20輪着花し、ボール状になります。主に春〜夏に咲く最新の品種。

アメジストグロッサ
C.amethystoglossa

花期：春
花径：4〜5cm
株高：40〜50cm

温度 湿度 日照　原産地

高　高　強

ブラジル
標高：500〜800m

特徴：非常に赤味の強い色彩で希少な個体です。強い日に当たるとさらに濃い色彩になります。株は大柄で、水を好みます。1花茎に10〜15輪着花します。

ハワイアン スプラシュ 'レア'
Slc.Hawaiian Splash`Lea'

花期：不定期
花径：3〜3.5cm
株高：15〜18cm

温度 湿度 日照
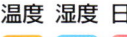

並　並　並

特徴：株は小さく柔らかい。花は豪華な黄と赤のスプラシュが入り1花茎3〜5輪着花します。栽培は容易で年2回咲くこともあります。

ラブノット 'サトー'
Slc.Love Knot`Sato'

花期：春
花径：6〜8cm
株高：6〜8cm

温度 湿度 日照

低　低　強

特徴：株は小さく葉は堅い。花ははっきりとした濃い紫紅色でしっかり展開します。リップに入る白はとても綺麗です。寒さに強く光を好みます。

原：原種

アイレン ホルギン 'スイート スプリング'
C.Irene Holguin `Sweet Spring'

花期：春
花径：15～16cm
株高：30～35cm
温度　湿度　日照
並　並　並
特徴：昔からある品種のひとつでよく切り花に使われている品種です。花持ちがよく花茎もよく伸びて咲くので喜ばれています。主に3月以降に咲きます。

トライアンファル コロネーション 'セト'
Blc.triumphal Coronation `Seto'

花期：冬
花径：16～18cm
株高：30～40cm
温度　湿度　日照
並　並　並
特徴：株は堅くやや大柄です。濃いピンクの極大輪花です。時には18cmを超えて咲くこともあり展示会などには最適の品種と言えるでしょう。

ワルケリアナ 'ネム センプレ'
C.walkeriana `Nem Senpre'

花期：冬～春
花径：7～8cm
株高：10～15cm
温度　湿度　日照　原産地
低　低　強
原産地：ブラジル
標高：300～800m
特徴：この個体の花弁は普通色とは異なり細い脈がたくさん入りピンクの色を出しています。花も大きく形のよい有名銘花です。素晴らしい香りも魅力。

エルドラド
C.eldorado

花期：冬
花径：8～12cm
株高：18～25cm
温度　湿度　日照　原産地
高　高　並
原産地：ブラジル
標高：500m
特徴：これはブラジル北部アマゾン流域に自生する原種で株は小型です。花はピンクから白まで幅広い色彩を持つ希少な種です。1花茎に2～3輪着花します。

温度：適温20～30℃　適温13～25℃　適温8～20℃　湿度：多湿を好む　やや多湿を好む　やや乾燥を好む　日照：日光を好む　やや日光を好む　弱光を好む

アメジストグロッサ'マサエ'
C.amethystoglossa `Masae'

花期：春	温度	湿度	日照	原産地
花径：4～5㎝	高	高	強	ブラジル
株高：40～50㎝				標高：500～800m

特徴：この個体は普通色のピンクの色彩ですが、花は非常に大きく展開もよいです。花弁に入る紫赤の斑点は綺麗です。1花茎5～10輪着花します。

ワーセウィッチ'HIF-002'
C.warscewiczii `HIF-002'

花期：春～夏	温度	湿度	日照	原産地
花径：15～16㎝	並	並	並	コロンビア
株高：30～40㎝				標高：1000～1500m

特徴：コロンビアの原種で株はやや大柄です。花は細めですが花数が多めなので圧倒的な迫力があります。これは普通色（濃紫紅色）の中の良個体です。

ドナ キムラ'パラダイス タミ'
Bc.Donna Kimura `Paradise Tami'

花期：春	温度	湿度	日照
花径：16～17㎝	並	並	並
株高：30～35㎝			

特徴：淡いピンク系ですっきりとした色合いの大輪整形花。花は大きく展開も非常によい品種です。株はまっすぐ上に立つ強健種。花持ちもよいです。

ローレンセアナ
C.lawrenceana

花期：夏～秋	温度	湿度	日照	原産地
花径：7～8㎝	高	並	並	ベネズエラ
株高：25～30㎝				標高：1500m

特徴：近年人気が出てきた種で、かつては入手が非常に困難でした。今では実生により専門店でたまに置いてありますが、まだまだ高価なものです。

トリアネー コンカラー 'ベスマリン'
C.trianae concolor 'Beth Marine'

花期：冬
花径：16～18cm
株高：30～35cm

温度　湿度　日照　原産地
並　　並　　並

特徴：カトレアの原種では最も人気のある種で12月から2月頃までに咲きます。花も大きくいろいろな色彩があります。この個体はピンク一色の銘花です。

コロンビア
標高：800～1000m

ワルケリアナ セルレア 'エドワード'
C.walkeriana coerulea 'Edward'

花期：冬～春
花径：8～10cm
株高：10～15cm

温度　湿度　日照　原産地
低　　低　　強

特徴：小型で香りがよい。場所を取らずにたくさん置ける事や色彩の豊かさから絶大の支持を受けております。この個体はブルー（セルレア）の銘花です。

ブラジル
標高：300～500m

シーブリーズ 'F'
C.Sea Breeze 'F'

花期：冬～春
花径：15cm
株高：20cm

温度　湿度　日照
並　　低　　強

特徴：古くある種ですが、これほどまでに濃いブルーの出る大輪花は数少ないです。花は主に秋ですが春に咲くこともあります。花持ちのよい銘花です。

キャンディレース 'ロングライフ'
C.Candylace 'Long Life' SM-JOGA

花期：春
花径：12～15cm
株高：35～40cm

温度　湿度　日照
並　　並　　並

特徴：小型の多花性種に大輪のピンク花を交配してできた最新の個体。花弁は厚く花持ちは2ヵ月近く咲いており、花茎は丈夫で20cm近く伸びます。

温度：[高]適温20～30℃　[並]適温13～25℃　[低]適温8～20℃　湿度：[多]多湿を好む　[並]やや多湿を好む　[低]やや乾燥を好む　日照：[強]日光を好む　[並]やや日光を好む　[弱]弱光を好む

ハウ ヤン エンジェル 'ペコ'
Lc.Haw Yuan Angel `Pekoe´

花期：冬
花径：3〜4cm
株高：7〜10cm

温度 湿度 日照
低　低　並

特徴：株は小さく花は純白、リップははっきりとした赤が入る極美花です。1花茎に2〜3輪着花し、花持ちもよい。冬〜春に主に咲きます。

インターメディア V. デリカータ
C.intermedia v dilicata 原

花期：冬〜春
花径：6〜7cm
株高：25〜30cm

温度 湿度 日照
低　高　強

原産地

特徴：この個体は白の花弁に独特の色彩である淡いブルーピンク色のリップを持つ希少な個体です。花付きはよく1花茎に大きな花を3〜5輪着花します。

標高：0〜300m

ビオラセア セミ アルバ 'コジマ'
C.violacea semi-alba`Kojima´ 原

花期：夏〜秋
花径：6〜8cm
株高：25〜30cm

温度 湿度 日照
高　高　強

原産地
ブラジル
ベネズエラ
標高：800m

特徴：近年人気が出てきた原種で葉は二枚葉。他に無い色彩をもち香りもよいです。この個体は白花弁に赤のクサビが入る銘花です。リップの色もよいです。

パープラータ アソ 'Select-a'
L.purpurata aco `Select-a´ 原

花期：春〜夏
花径：12〜15cm
株高：40〜45cm

温度 湿度 日照
低　低　強

原産地
ブラジル
標高：100〜300m

特徴：比較的寒い場所に自生する種で、海岸に近い場所に自生します。花は大きく多数付けることや丈夫で初夏に咲くので初心者にも簡単に咲かせられます。

原：原種

クラウン フォクス 'スイート ハード'
Lc. Crownfox `Sweet heart'

花期：冬～春　　　温度　湿度　日照
花径：6～7cm　　　低　　低　　強
株高：20～25cm

特徴：原種ワルケリアナの血をよく引いた品種で香りもある美しい花です。株は中型でやや堅い葉をしております。1花茎に3～4輪着花します。

メンデリー
C.mendelli

花期：春　　　　　温度　湿度　日照　原産地　[原]
花径：7～8cm　　 並　　並　　並
株高：30～35cm

特徴：株は比較的小柄で花の形が非常によい種です。花径は 12 ～ 13cmとやや小さいが、優しい色彩で人気があります。原種ファンには欠かせない種です。

標高：1000m

ドロシーオカ 'ヒノモト'
Lc.Dorothy Oka `Hinomoto'

花期：春と秋　　　温度　湿度　日照
花径：12～15cm　 低　　低　　並
株高：16～20cm

特徴：株は 20 ～ 25cmと小型の割に大きな花を付けます。花弁は広く純白の地に赤のクサビが入り、リップは豪華な紫赤色です。極めて人気の品種です。

インターメディア 'Select-A'
C.intermedia tipo `Select-A'

花期：冬～春　　　温度　湿度　日照　原産地　[原]
花径：6～7cm　　　低　　高　　強
株高：20～25cm

特徴：ブラジル最南部の比較的寒い地域に自生する原種です。年間を通して水を欲しがる性質があります。主に春に咲きますが生長が冬なので注意ください。

標高：0～300m

温度：[高]適温20～30℃、[並]適温13～25℃、[低]適温8～20℃　　湿度：[高]多湿を好む、[並]やや多湿を好む、[低]やや乾燥を好む　　日照：[強]日光を好む、[並]やや日光を好む、[弱]弱光を好む

カトレア / Cattleya

インターメディア アクイニー オルラータ 'キング オブ リオ グランデ'
C.intermedia aquinii orlata 'King of Rio Grande' 原

花期：冬〜春　温度 湿度 日照　原産地
花径：6〜7cm　低 高 強
株高：25〜30cm

特徴：この個体はこの種の中でも非常に希少な花弁にクサビを持つ個体です。株は比較的小型の性質もあります。1花茎に2〜5輪着花する銘品です。

パープラータ コンカラー 'ウィングカラー'
L.purpurata fma.concolor 'Winning Color' 原

花期：春〜夏　花径：12〜13cm　株高：40〜50cm
温度 湿度 日照
低 並 強
原産地

特徴：この種の中で最も希少な色彩をもつ個体で花も大きく、花付きもよく、ピンク一色で非常にきれいな花です。冬場でも水を多めに与えるのが栽培の秘訣です。

ワーセウィッチ 'カティア'
C.warscewiczii 'Katia' 原

花期：春〜夏　温度 湿度 日照　原産地
花径：15〜16cm　並 並 並
株高：30〜40cm

特徴：花弁が薄いピンクではっきりとした目がリップに入ります。この花は近年輸入されたもので、ほとんど見ることができない銘花です。花付きもよいです。

ワルケリアナ ペローラ 'ビーナス'
C.walkeriana fma.Pelora 'Venus' 原

花期：冬〜春　温度 湿度 日照　原産地
花径：8〜10cm　低 低 強
株高：10〜15cm

特徴：白ではない淡いピンク色の花をペローラと呼んでおり、比較的大きな花が多いです。色合いも日本人好みでマニアはこの色の個体を探しています。

原：原種

ルデマニアナ アルバ'メルティイエロー'
C.lueddemanniana alba `Melty Yellow'

花期：春	温度	湿度	日照	原産地
花径：15～16cm	高	並	強	ベネズエラ
株高：25～30cm				標高：1000m

特徴：ベネズエラ原産の非常に人気のある原種で春に咲きます。花は純白(アルバ)で花も大きく、数少ないアルバ個体で花径も大きく見ごたえがあります。

プリプリ'ユキ'
Lc.PriPri`Yuki'

花期：冬	温度	湿度	日照
花径：3～4cm	低	低	並
株高：8～10cm			

特徴：ミニの系統ですが株はやや大柄、美しい白弁赤リップの花を2～3輪付けます。バルブは細めで葉は長く、色彩のよい比較的新しい品種です。

モシエ アルバ'オーバーヘアー'
C.mossiae alba`Over Hear'

花期：春	温度	湿度	日照	原産地
花径：15～18cm	並	並	並	ベネズエラ
株高：30～35cm				標高：1000m

特徴：春咲きの種として代表的な原種で人気があります。香りもよく、花弁は広く大きいためにやや垂れ下がる性質もありますが、これがモシエの特徴です。

パーシバリアナ'ロザック'
C.percivaliana`Rosec'

花期：冬	温度	湿度	日照	原産地
花径：12～15cm	並	並	並	ベネズエラ
株高：25～30cm				標高：1000m

特徴：必ず12月になると咲く種で独特の香りがします。花は他種と比べるとやや小さく、株も比較的小型です。日本ではクリスマスの頃が盛りです。

温度：高 適温20～30℃、並 適温13～25℃、低 適温8～20℃　湿度：高 多湿を好む、並 やや多湿を好む、低 やや乾燥を好む　日照：強 日光を好む、並 やや日光を好む、弱 弱光を好む

フリー スピリット 'レア'
Pot.Free Sprit 'Lea' AM-AOS

花期：冬〜春　　温度　湿度　日照
花径：3〜4cm　　低　低　並
株高：10〜15cm

特徴：小型の黄色で丸みのある花の品種は、少なく貴重な銘花です。花は1花茎に2〜3輪着花します。主に冬〜春にかけて咲きます。

サイアム ジェード 'アボ'
Epc.Siam Jade 'Avo'

花期：冬〜春　　温度　湿度　日照
花径：4〜5cm　　並　並　強
株高：20〜25cm

特徴：株は二枚葉で20〜25cmの草丈です。花はグリーン白色でペタルに濃いグリーン色がのる蝋質花弁です。花は1花茎に3〜5輪着花します。

ゴールデンゼル 'レモン シフォン'
Blc.Goldenzelle 'Lemon Chiffon'

花期：冬　　　　温度　湿度　日照
花径：15〜16cm　並　並　並
株高：30〜35cm

特徴：やや薄めの澄んだ黄色花。リップのみに濃い紫紅色がV字に入ります。やや細めの株で1花茎3〜4輪着花します。冬は乾燥を好みます。

メモリア ヘレンブラウン 'スイート アフトン'
Blc.Mem Helen Brown 'Sweet Afton'

花期：冬〜春　　温度　湿度　日照
花径：12〜15cm　並　並　並
株高：35〜45cm

特徴：古くからある大輪のグリーン花で近年見ることが少なくなった品種です。花弁は非常に厚くグリーン色もすっきりとしています。

サニー ハーモニー 'HCN-25'
Pot. Sunny Harmony 'HCN-25'

花期：冬～春
花径：3～4cm
株高：20～25cm

温度　湿度　日照
並　　並　　並

特徴：最新の黄色多花性種です。花は小ぶりですが花の付く姿がバランスよく近年まれに見る銘花と言ってよいでしょう。1花茎には5～15輪着花します。

ブリゲリー
L.briegeri

花期：春
花径：3～4cm
株高：10～15cm

温度　湿度　日照
低　　低　　強

原産地

標高：500～1000m

特徴：小型のカトレアの原種で通常岩や堅い木に付いております。自生地は乾燥が激しい場所にあり光を好む性質でもあります。冬場の灌水は控えめにします。

スパニシュ アイ 'ティアンミン'
Pot.Spanish Eyes 'TianMin'

花期：秋～冬
花径：15～16cm
株高：30～35cm

温度　湿度　日照
並　　並　　並

特徴：花は黄とオレンジを混ぜたような色合いで展開が非常によい。葉は比較的小ぶりな大型種で非常に人気がある最新の品種です。

フラバ
L.flava

花期：春
花径：3～5cm
株高：15～20cm

温度　湿度　日照
低　　低　　強

原産地

標高：0～500m

特徴：小さな黄色の花を付ける原種で1花茎3～5輪着花します。花茎は20～30cm伸びて咲きますが、株は小さく堅い葉をしており光を好む性質です。

温度：適温20～30℃、適温13～25℃、適温8～20℃　湿度：多湿を好む、やや多湿を好む、やや乾燥を好む　日照：日光を好む、やや日光を好む、弱光を好む

コクシネア 'センダイ'

S.cocicinea`Sendai'

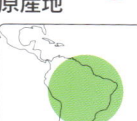

原

花期：冬
花径：5〜7㎝
株高：5㎝

温度	湿度	日照
低	並	強

原産地

標高：1500m

特徴：最近はソフロニティスからカトレアに属名が移行されています。独特の赤は非常に目を引き、人気がある種です。花は1週間かけて大きくなります。

セルヌア

S.cerunua

原

花期：夏〜秋
花径：2.5〜3㎝
株高：3〜4㎝

温度	湿度	日照
低	低	強

原産地

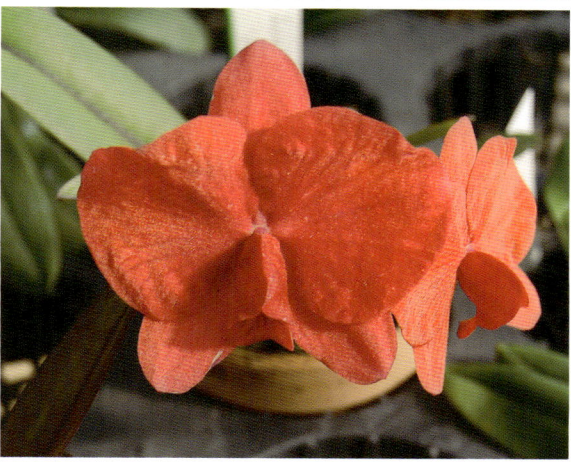

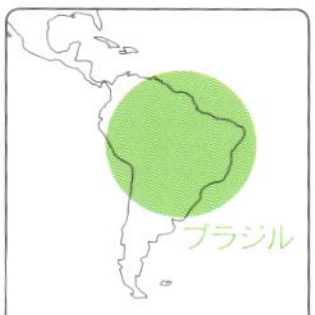

標高：1500m

特徴：バルブは2㎝ほどで葉は3㎝、非常に小さく堅い丸い葉を持ちます。花はオレンジ色の2㎝ほどの展開のよい小さな花を多数付けます。光を好みます。

チェンイェ 'ツェン ウェン'

Blc Chunyeah`Tzeng Wen' AM-AOS

花期：春
花径：16〜17㎝
株高：30〜35㎝

温度	湿度	日照
並	並	並

特徴：台湾生まれの大型黄花、花の展開もよいです。株を大きく作り上げた時は特によい花を付けます。リップに入る黄色の目も素晴らしいです。

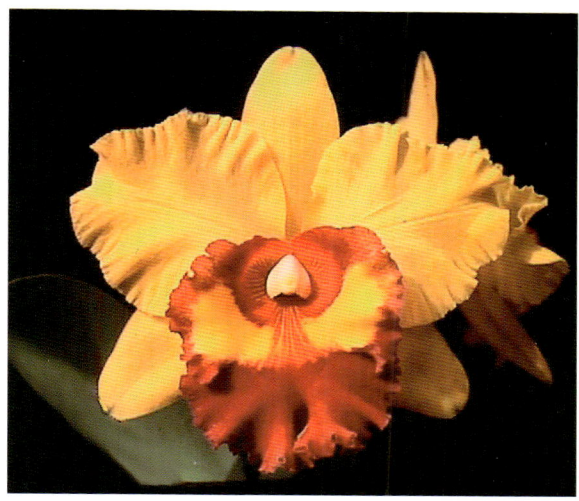

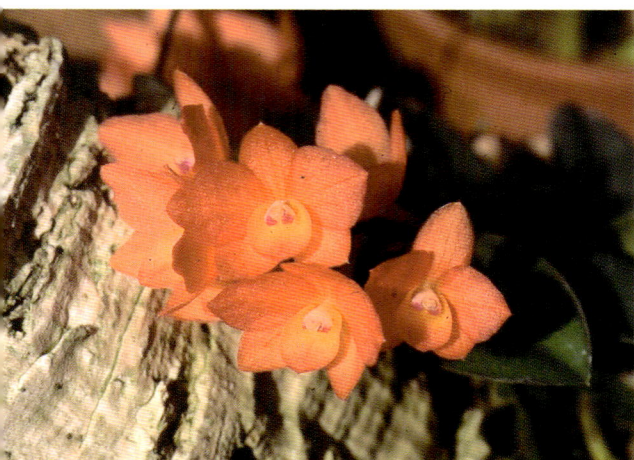

サンライズドール 'U-14'

Slc.Sunrise Doll`U-14'

花期：不定期
花径：7〜10㎝
株高：20㎝

温度	湿度	日照
並	並	並

特徴：濃赤でバランスのとれたよい花です。株も小さく場所を取らないコンパクトサイズ。とにかく花の色は格別のものがあります。花は大きく見えます。

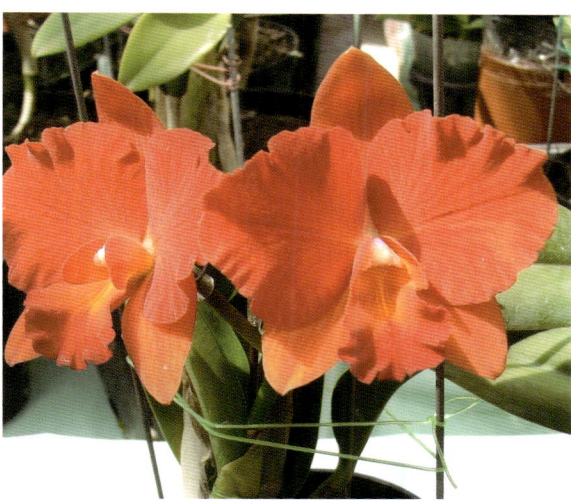

ミレリー
L.millerii

原

花期：春　**花径**：3～6cm　**株高**：15～20cm

温度 湿度 日照

低 低 強

原産地

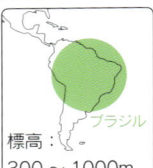

ブラジル
標高：
300 ～ 1000m

特徴：花の色彩で最も血の赤に近い色を持っている種です。1花茎30～40cm伸びて5～10輪着花します。光を好む小型種の一つです。乾燥も好みます。

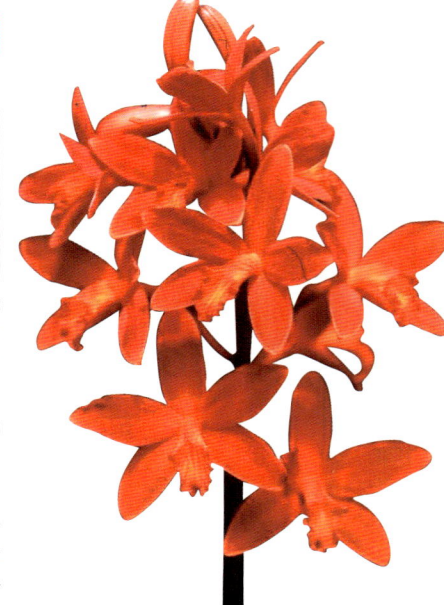

アンゲレリー
L.angererii

原

花期：春

花径：3～4cm

株高：15～18cm

温度 湿度 日照

低 低 強

原産地

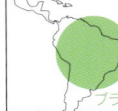

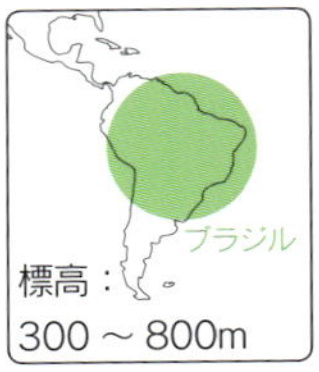

ブラジル
標高：
300 ～ 800m

特徴：濃いオレンジ色の小さな花を1花茎3～5輪付けます。葉は堅く非常に光を好む性質があります。夏場だけ遮光してそのほかの季節は直射栽培します。

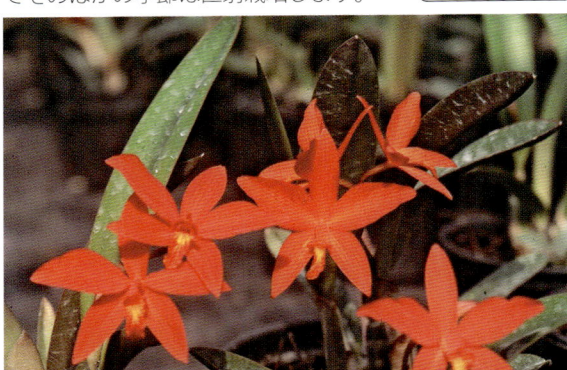

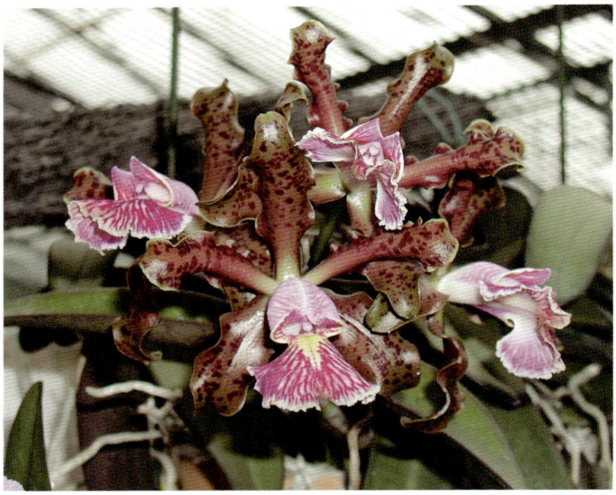

シレリアナ
C.schilleriana

原

花期：夏～秋

花径：6～8cm

株高：10～15cm

温度 湿度 日照

並 並 並

原産地

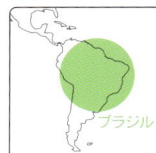

ブラジル
標高：500m

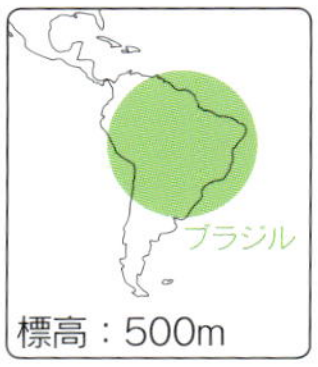

特徴：株はコンパクトで独特の花形をしています。花は7～8cmですが株と比較すると大きく見えます。日をよく当て乾かして栽培することがポイントです。

セルヌア
Soph.cerunua

原

花期：秋～冬

花径：2～3cm

株高：3cm

温度 湿度 日照

並 低 強

原産地

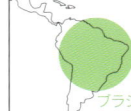

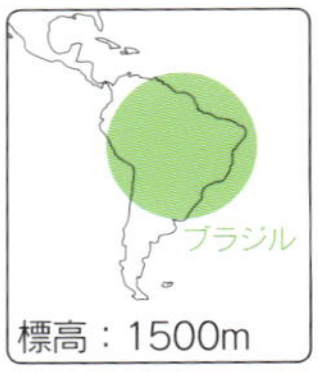

ブラジル
標高：1500m

特徴：ブラジル原産の極小型原種。オレンジがはっきりするほど魅力的です。花は近年大きくなり3cmを超えるものも登場。鉢植えよりも板づけがよいです。

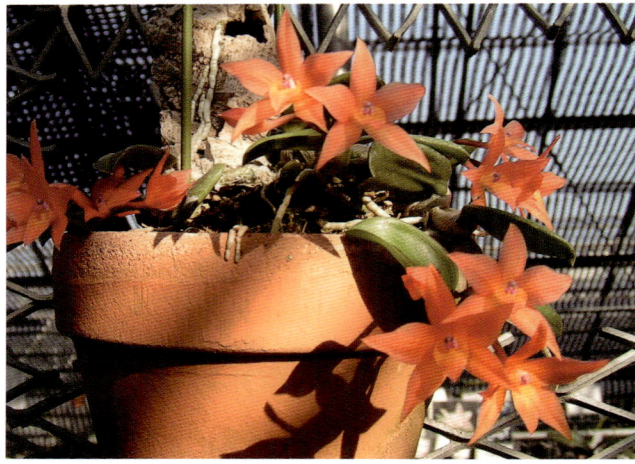

ビカラー 'セラ'
C.bicolor 'Sera'

花期：夏〜秋
花径：6〜8cm
株高：40〜50cm
特徴：ブラジルの希少な原種で通常褐色です。この個体はやや青味がかった優しい色彩でとても綺麗です。1花茎には2〜3輪の着花が普通です。

温度 高　湿度 高　日照 強
原産地：ブラジル　標高：100〜500m

アメジストグロッサ セルレア 'GT'
C.amethystoglossa coerulea 'GT'

花期：春
花径：4〜5cm
株高：40〜50cm
特徴：この個体は普通のピンクの色彩とは異なり、突然変異によって生まれたブルーの個体です。花は十数輪付いて、ほかの個体よりもはるかに大きいです。

温度 高　湿度 高　日照 強
原産地：ブラジル　標高：300〜500m

シレリアナ 'ブルー ライティング'
C.schilleriana 'Blue Lighting'

花期：夏〜秋
花径：6〜7cm
株高：10〜15cm
特徴：この種の色変わりで普通種は褐色ですがこの個体は花弁がグリーン色でリップがブルーのセルレア個体です。花弁に入るスポットも濃いブルーです。

温度 並　湿度 並　日照 並
原産地：ブラジル　標高：800m

テネブロッサ 'レインフォーレスト'
L.tenebrossa 'Rain Forest'

花期：春〜夏
花径：16〜18cm
株高：40〜50cm
特徴：この種は類似種のパープラータに似た性質を持っております。花はより大きく18cmを超えるものもあります。花色は他に黄もあるが希少な種です。

温度 低　湿度 並　日照 強
原産地：ブラジル　標高：500〜800m

栽培早見表　カトレア　*Cattleya*

	1	2	3	4	5	6	7	8	9	10	11	12
生育状態	1〜4月 開花期（種類による）				生育期 4〜9月							12月 開花期
置き場	1〜4月 室内（日当りのよい窓辺）				5〜10月 屋外（明るい日かげ）						11〜12月 室内（日当りのよい窓辺）	
日当たり（遮光率）	1〜2月 10%		3〜5月 50%			6〜8月 70%			9〜11月 50%			12月 10%
植替時期				4〜7月 鉢増し⇒30ページ 株分け⇒32ページ								
水やり	1〜4月 3〜4日に1回 乾いてから与える				5〜7月 毎日朝1回与える			8〜9月 夕方たっぷり与える		10〜12月 3〜4日に1回 乾いてから与える		
肥料				4〜7月 有機肥料を施す（液肥を併用してもよい）					9〜10月 液肥を施す			
消毒					5〜10月 屋外に出したら定期的に夕方の涼しい時間に散布する							

置き場所：春は最低気温15℃になる頃から屋外に出し、秋は最低温度10℃になる頃に室内に取り込みます。

温度：品種によりますが、平均的に10℃を目安にするとよいでしょう。

水やり：夏以外の季節は、乾かしてから与えます。とくに冬の間は、1週間に2回ほどで充分です。

肥料：春先と秋口に有機質肥料（油かす、骨粉）を施し、液肥（1000倍液）を充分に施します。

消毒：春先から秋口に屋外に置くため、病気や害虫が発生しやすくなります。1ヵ月に1回ほど、殺虫剤および殺菌剤を散布します。また、秋、室内に取り入れる前に充分な消毒をしておきます。

植込材料：

素焼き鉢

水ゴケ

原産地：北アメリカ南部から南アメリカ中部まで（北アメリカ南部、メキシコ、チリ、アルゼンチン、ボリビア、パラグアイ、ウルグアイ北部）

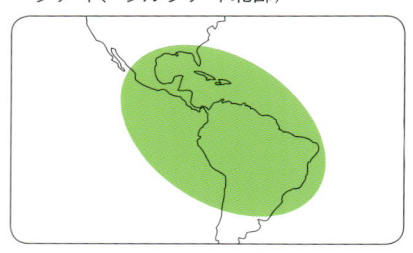

華やかで凛とした「蘭の女王」

原産地と花の特徴

自生地では、樹木などに着生して育つ。ブラジルにて、カトレア・ノビリオール

蘭の花の原点とされ、優美で美しい姿は世界中の愛好家から愛されています。種類も大変豊富で、属間交配から誕生した品種も続々と登場しています。

自生地で生息する種の多くは、大きな樹木や岩場に着生しています。これらの自生地は、温度や湿度、光線量などの環境はそれぞれ異なっていますので、自生地ごとに、そこで生息する種の性質が異なります。

カトレア属は約50種、それ以外にレリア、ソフロニティス、ブラサボラなどの近縁種があります。これらを交配して、大輪の交配種やミニカトレア、ミディカトレアと呼ばれる新属、品種が多数誕生しています。表は、それらの代表を挙げたものですが、それ以外にもカトレア系統を親とする新属、品種は数多くあります。

近年、多くの交配種が日本で開発され、海外にも輸出されるようになっています。

カトレアの仲間

●基本種
カトレア (Cattleya=C.)

●カトレアの近縁種
レリア (Laelia=L.)
ソフロニティス (Sophronitis=S.)
ブラサボラ (Brassavola=B.)

●カトレアを親とする新属
ブラソカトレア (Bc.=Brassocattleya)
ブラソレリオカトレア (Blc.=Brasoleeliocattleya)
ソフロカトレア (Sc.=Sophrocattleya)
ソフロレリオカトレア (Slc.=Sophrolaeliocattleya)
レリオカトレア (Lc.=Laeliocattleya)
エピカトレア (Epic.=Epicattleya)
ポティナラ (Pot.=Potinara)

大型交配種

カトレア属。大輪で、株も大型。カトレアの仲間は、バルブという太った茎をもち、新芽が横に伸びてくるタイプです

中型交配種

近縁種を交配してミニカトレアやミディカトレアなどの新属、品種が多数誕生している

よい株の条件

葉やバルブにハリがあるものを

購入するときには、葉の枚数が多く、葉やバルブにハリとツヤがあってみずみずしい印象のものを選びます。葉やバルブにシワがあるもの、同じ種類の株に比べて葉の色が薄く、弱々しい印象のものは避けます。

また、葉の表面から見ると、何でもないようでも、裏側を見ると病気や害虫が発生していることもありますので、必ず葉の裏側なども確認しましょう。

中型交配種

よい
- 葉にハリとツヤがある
- バルブが太く、数が多い

よい株は、全体にみずみずしい。バルブがよく太り、数が多いもの、新芽があるものがよい

悪い
- バルブが弱々しい
- 葉にシワがあり、色も薄い

全体に元気がないもの、バルブが細くて弱々しく、葉の色が薄く、シワがあるものは避ける

小型交配種

悪い 葉色が悪く元気がない

よい 葉色もよく元気がある

大型交配種

よい みずみずしい印象

悪い 弱々しい印象

24

置き場所

春〜初秋→屋外
晩秋〜冬→室内

夏の間は屋外の地面から30cm以上の高さで

着生ランですので、15℃以上の温度があれば、屋外での栽培が適しています。4月になり、朝の気温が15℃以上になったら、屋外の明るい日かげに出します。

風通しや灌水後の乾きに影響するので、地面に直接置くのはタブーです。地面から30cm以上離れた棚の上に置くか、吊して管理をします。

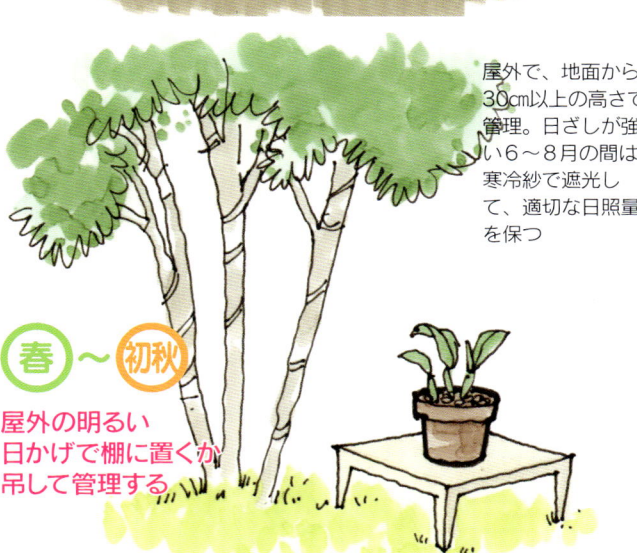

晩秋〜冬
室内の日当たりのよい窓辺で2〜3時間日に当てる

日当たりのよい窓辺に置き、1日最低でも2時間は、窓越しの日に当てる。夜間は、暖房の風が当たらない、室内の内部へ

屋外で、地面から30cmの以上の高さで管理。日ざしが強い6〜8月の間は、寒冷紗で遮光して、適切な日照量を保つ

春〜初秋
屋外の明るい日かげで棚に置くか吊して管理する

花芽のサインを見逃さない

カトレアの花芽は、葉の中に包まれています。

一見、葉だけのように見えますが光に透かしてみると、中にある花芽が見えます。

うっかり、この花芽を折るなどすると花を楽しめなくなるので、花芽ができる季節にはよく確認して、大切に育てるようにしましょう。

花芽

カトレアの花芽。光に透かすようにして見ると、中にある花芽が見える

夏場は朝夕たっぷりと

水やり
- 5〜7月 → 毎朝1回
- 10〜4月 → 3、4日に1回

乾きが激しい夏（8〜9月）は、毎日、朝夕たっぷりと水を与えます。特に涼しくなる夕方はもっとも生長する時間帯のため、多めに灌水します。日中水やりをすると、暑さで葉焼けなどを起こしやすくなるため水やりをしません。

夏以外の季節のうち、5〜7月は毎朝1回水やりをします。10〜4月は、水ゴケの表面が乾くのを確認してから3〜4日に1回の水やりの回数で充分です。

水やりのサイン

水やり必要
乾いてくると素焼鉢の色が白っぽくなってくる。また、水ゴケの表面が乾燥している

まだ必要ない
素焼鉢が湿って色が濃く、水ゴケの表面も湿っている。秋〜初春にかけては乾いてから水を与える

水やりの方法

秋・春
乾いたのを確認してから、3〜4日に1回水を与える

夏
毎日、朝と夕方に水を与える。特に夕方はたっぷりあふれるくらい灌水する

冬
乾燥したのを確認してから水を与える。1週間に2回から、時には1回でもよい

肥料やり

5〜6月
9月中旬〜10月

春先と秋口に充分に施す

夏（7〜9月）は生育期といって、1年のうちでもっとも株が生長します。この時期には栄養が必要となるため、その前の5〜6月に、充分な肥料を施しましょう。これにより株は、夏の間に一気に生長を始めることができます。

秋のはじまり（9月中旬〜10月）にも肥料を施すとよいでしょう。肥料は油粕や骨粉などの有機肥料や、1000倍に薄めた液肥などが適しています。

よい花を咲かせるポイント

- ●属によって特徴が異なることを理解しましょう。
- ●ソフロニティス属は、水分を好むので、年間を通じて多めに水を施します。
- ●レリア属の仲間は、春と秋には乾燥気味に、たっぷりの日ざしで育てましょう。
- ●カトレア属や大型種は、冬の日照が大切。夏は、逆に暗めの場所で管理します。
- ●二枚葉の品種は、春先から充分な水やりが必要です。
- ●ミニやミディの品種は、冬場の乾燥が大切。よく日に当てて、乾燥させます。

肥料やりの方法

肥料は鉢の大きさに合わせて、施す個数を決める。写真の場合は、3号鉢のため3個を施した。肥料は株からできるだけ離して置く

花茎切り

12〜3月

花弁が薄くなったら、シースの途中で切る

カトレアは属によって花の咲く時期が異なります。まずは花の咲く時期を把握しましょう。花がしっかりと咲いた後、花弁が薄くなって花がしおれてきたら、花茎切りを行います。花茎はシースの途中から切り取ります。これにより、栄養を株の生長にまわすことができます。また、開花後は水を少なめに与え、株を休ませるのもポイント。花が終わって1ヵ月後くらいから、新芽が伸び始めます。

花茎切りのサイン

花弁が薄くなっている

花弁の色が薄くなり、花全体がしおれてきたら花茎切りを行う

花茎切りの方法

❶ 花茎切り前の状態。花がしおれて垂れ下がってしまっている

❷ ポイント

シースの途中で切る

花茎の上のほうを片方の手で持ちながら、シースの途中にハサミを入れて切り落とす

❸ 花茎切りが終わった状態。これで新芽の生長に栄養をまわすことができる

病害虫

5～10月、開花期

春先から秋に定期的に消毒を

春先から秋には、害虫が多く現れます。特に夏場は新芽が育つ季節であると同時に、害虫の餌食になりやすい時期でもあります。常に注意して管理しましょう。

また、梅雨時期は湿度が高いため、茎のつけ根などが茶色から褐色に腐ってくる軟腐病や、夜行性で新芽やつぼみを食べてしまうナメクジ、カタツムリなどの被害が多く発生します。これらの病害虫を防ぐために、屋外に置く時期（5～10月）には、月に1度は殺菌剤や殺虫剤を散布しましょう。消毒を行うのは、夕方の涼しい時間帯が適しています。

花が咲く時期にも注意が必要です。花弁の重なった部分を食べてしまうスリップスやダニ類が発生しやすいため、気をつけて管理しましょう。

病害虫観察のポイント

葉の表面は健康に見えても、裏側を見ると病害虫が発生していることがある。裏側も注意して確認するようにしよう

発生しやすい病害虫

疫病
葉が炭化するように黒くなっていくカビが原因の病気。病気部分は切り取り薬剤散布。使用したハサミも消毒する

カイガラムシ
カイガラムシは、バルブの白い葉鞘に発生しやすいので注意。見つけたら掻き落とし薬剤を散布する

食害跡
花びらがこのようになっているのは、害虫に食害されたもの。鉢の裏などを見て、害虫を探して退治する

鉢増しの方法

新芽が鉢からはみ出したら行う

4〜7月

鉢から元気に育つ新芽が、はみ出すようになったら、鉢増し（ひと回り大きな鉢に植え直す作業）をします。鉢増しにするか、株分けにするかは、バルブの数で判断します。（32ページ参照）

時期は、4〜7月ですが、新芽が伸び始める時期がベスト。種類や株ごとに異なるので、よく見て、新芽の伸び始めの時期を逃さないようにしましょう。

古い鉢から取り出したら、新しい水ゴケを、新芽の側に足し、新しい鉢に植えつけます。

道具

（右上から）支柱、ハサミ、ビニタイ、ラベル、竹べら、ニッパ、ピンセット、針金。写真のほかに新しい鉢、水ゴケ、鉢底網も用意しておく

作業前

ひと回り大きな鉢にする

バルブが込み合っていないので、株分けの必要はない

新芽が鉢の外側に伸びている

ポイント
- 新芽が伸び始めの時期を逃さない。
- 新芽の側に水ゴケを足す。
- 鉢の底は浮かせる。

① 竹べらを、水ゴケと鉢の間に入れて、ぐるっと一周させる。その後、竹べらで水ゴケごと持ち上げる

② 株の根元近くを持ち、鉢から取り出す。新芽など、株を折ったり、傷めたりしないように注意する

カトレア

Cattleya

新芽の側に、新しい水ゴケを足す。下にあまった水ゴケは、根に巻きつけるようにしてまとめる

ポイント ④
新芽
新芽の側に多く水ゴケを足し、全体にひと巻きする
バックバルブ

③ 新しい鉢を用意して、鉢底の穴をふさぐように、鉢底網を敷く

⑧ 植えつけができたら、支えるバルブの近くに支柱を立てる。長いままで差し込む

⑨ 株の高さに合わせて、支柱をニッパで切り、ビニタイで葉のつけ根近くをゆとりを持たせて固定する

完成後は、しばらく水やりを控える

新芽の側から鉢に入れる

ポイント ⑤
新芽側を入れたら、バックバルブ側を押し込む
新芽の側から新しい鉢に入れ、新芽の位置が決まったら、バックバルブ側を鉢内に入れる

水ゴケ
すき間

⑦ 鉢の下に1cm程度の空間ができることが大切

ポイント
底は1cmくらいすき間ができるようにする

⑥ 鉢の縁近くを押す
鉢からはみ出した水ゴケは、鉢の縁近くに、指先で押しこむ

完成

株分けの方法 4〜7月

バルブが込み合っていたら株分けを

株分けも鉢増しと同じく4〜7月の間に行いますが、新芽が伸び始める時期がもっとも適しています。カトレアは種類によって新芽が伸び始める時期が異なるので、よく観察して時期を逃さないようにしましょう。

鉢増しにするか、株分けにするかは、バルブの数で判断します。6本以上バルブがあり、鉢の中が込み合ってきたら株分けを行いましょう。株は新芽が伸びる方向を確認し、株の分かれ目の真ん中で切るようにします。いっぽう、そのまま大きな株に育てたい場合は、株分けではなく、鉢増しを行っても問題はありません。

道具

（右上から）支柱、ハサミ、ビニタイ、ラベル、竹べら、ニッパ、ピンセット、針金。写真のほかに新しい鉢、水ゴケ、鉢底網も用意しておく

作業前

- バルブが6本以上あり、込み合っている
- 根が多く飛び出して、鉢も根でいっぱい

ポイント
- 6バルブ以上あり、鉢の中がバルブで込み合ったら行う。
- 新芽が伸びる方向を見極めて分ける。

新芽が鉢の外に飛び出すほど、鉢の中がバルブで込み合っているため株分けを行う

カトレア *Cattleya*

❶ 竹べらを水ゴケと鉢の間に入れて1周し竹べらで持ち上げる

竹べらで根を傷めないように注意しながら、ゆっくりと株を持ち上げる

❷ 株元近くを持ち、鉢から取り出す。根や水ゴケが傷んでいないか確認する

❸ 水ゴケが古くなっているため、ピンセットを使って丁寧に水ゴケを落としていく

❹ 水ゴケをほぼ落とした状態。根と根の間の水ゴケも、ピンセットで取り除いていく

ポイント ❺ 古い水ゴケを丁寧に落とす

水ゴケをすべて落とした状態。ピンセットで取りづらい場合は、さっと水洗いしてもいい

❻ 既存の支柱はビニタイを外して、丁寧に抜く

ポイント 8 ２つの株の分かれ目で切る

確認した２つの分かれ目の真ん中にハサミを入れて、株を２つに分ける

ポイント 7

真ん中の古いバルブから、左右に新芽が２方向に伸びている。その分かれ目を確認する

株を２つに分けた状態。それぞれバルブの数がほぼ均等になっている

細い根や黒く変色してスカスカになった根は、ハサミで切り落とす

カイガラムシがつきやすいため、白い葉鞘をとる。新芽は柔らかく折れやすいため、葉鞘はそのままでよい

ポイント 12

軽く濡らすときれいに取れる

傷んだ根を切り終わった状態。根を整理することで、新しい根が伸びやすくなる

カトレア *Cattleya*

⑭ 新しい鉢を用意して、鉢底の穴をふさぐように鉢底網を敷く

⑬ 根の整理や葉鞘とりが終わった状態。これから鉢に植えていく

⑮ 鉢は、株の周囲にバルブ1つ分ほどスペースがあくサイズのものを選ぶとよい

根を広げて水ゴケを株の下に入れる

⑯ ポイント

⑱ 外側に水ゴケを巻く。鉢に入れたとき株の下にスペースができるよう、下の部分は水ゴケを少なめに巻く

⑰ 株の下に水ゴケを入れたら、水ゴケを根で包み込むようにする

根で水ゴケを包み込むように、株の下側に入れる

35

21

鉢の縁の内側の水ゴケを指で押し、水がたまるウォータースペースを作る

20 バックバルブ側から入れる

ポイント

新しい水ゴケを巻いた株を、水ゴケを押し込みながら鉢にはめ込む

19

新芽が伸びる側に生長する空間をあけるため、多めに水ゴケを巻く

22

水ゴケを上から押さえながら、整えていく

23 底にすき間をあける

ポイント

根ぐされを防ぐため、鉢底に1cmほどの空間が開くように植え込む

水ゴケは、バルブをつなぐほふく茎にかからないように植え込む

25

鉢に植え終わった状態。写真左の新芽側にスペースをあけることができた

新芽側

24

36

カトレア
Cattleya

㉖ バルブがまっすぐ育つように、支柱をバルブの後ろに差し込む

㉗ **ポイント** 株の高さに合わせて支柱を切る

支柱は差し込んでから、ニッパで切って高さを調節する

㉘ 株を傷めないよう、ビニタイは8の字にまわしてゆったりと締める

斜めになってしまったバルブには、すべて支柱を立てる

㉙ **ポイント** ビニタイは葉のすぐ下の部分で締める

完成

支柱立ても終わった状態。支柱を立てたことで、花芽がついたときにバルブが折れることも防げる

注 水ゴケが不足していたら、上から指でたしていく

← 少しずつ水ゴケを入れる

memo 水ゴケの量が足りなかったら…

株分けや鉢増しなどをする際、水ゴケを足して新しい鉢に植え込みます。植え込んだ後、水ゴケが足りず隙間が開いてしまったら、上から水ゴケを少しずつたし、指で押し込んでいきます。

コルクづけの方法 4〜7月

針金などでコルクに固定する

カトレアの原種は、樹木や岩場に着生していることが多く、コルクづけに適しています。株が増えやすい種類は小型で、コルクづけもできます。コルクには針金を曲げたピンで固定します。

道具 支柱、針金、キリ、竹べら、ピンセット、ニッパ、ラベル、ビニタイ

作業前 
葉やバルブにハリとツヤがある、元気な株を選ぶ

1 竹べらを使って、根を傷めないように株を持ち上げる

2 株元をしっかりと持ち、鉢から取り出す

3 ピンセットで水ゴケを取っていく。水でぬらすと取りやすい

4 株元の水ゴケは、少し残しておくようにするとよい

5 コルクは木の状態だったとき上に向かって伸びていた部分が、吊るすときも上になるようにする

6 針金はニッパでUの字型に曲げる。根を傷つけないよう、針金を3箇所ほど刺して固定する

7 キリでコルクの上部に穴を開け、吊るすための支柱を通す

8 写真のように支柱をニッパでまげて、コルクが落ちないよう固定する

9 品種が分からなくならないよう、ラベルを忘れずにつける

完成
水やりをして根がコルクの表面に入り、株が密着してから吊るす

ファレノプシス

まるで蝶がヒラヒラと舞うかのような花の姿から、胡蝶蘭（コチョウラン）と呼ばれ多くの人に愛されているファレノプシス。近年では、さまざまな色彩の花を咲かせる種が、続々と登場し、贈答花としても高い人気を誇っています。

Phalaenopsis

40〜43	品種カタログ
44	栽培早見表
45	原産地と花の特徴
46	よい株の条件
47	置き場所
48	水やり
49	肥料やり
50	花茎切り
50	高芽取り
51	2番花を咲かせる
52〜53	鉢増しの方法
54〜57	ギフト用鉢の植え替え
58	支柱立て

ブラザー オコネー
Phal.Brother Oconee

花期：冬〜春　　温度 湿度 日照
花径：5〜6㎝　　高 低 弱
株高：15〜20㎝

特徴：蝋質の花弁を持つ花で、色彩はやや褐色味のある濃い赤色です。葉も同じような茶褐色です。花茎は25〜30㎝伸び、花は10〜15輪ほど着花します。

シレリアナ
Phal.schelleriana

花期：春　　　　温度 湿度 日照　　原産地
花径：4〜5㎝　　高 低 弱
株高：15〜20㎝

特徴：原種の中では最もポピュラーな種で人気もあります。大株になると豪華で、時には一株で100輪以上の花を付けることもあります。

原産地：フィリピン
標高：500m

チン ファ ルビー 'リトル チェリー'
Dtps. Ching Hua Ruby 'Little Cherry'

花期：冬〜春　　温度 湿度 日照
花径：5〜6㎝　　高 低 弱
株高：15〜20㎝

特徴：非常に珍しい濃い赤色で花も大きく、花弁は厚く花もちも大変よい最新の品種です。濃い赤色の花は直立しますがこの種は枝垂れて咲きます。

サン ジェイ ダイアモンド 'ノース ポート'
Dtps.SunJye Diamond 'North Port'

花期：冬〜春　　温度 湿度 日照
花径：5〜6㎝　　高 低 弱
株高：15〜20㎝

特徴：花はやや青味の強い赤色で非常に厚弁で、株はしっかりとした褐色です。花弁の縁が白く抜けるので花に迫力を感じる銘花です。

温度：高 適温20〜30℃　並 適温13〜25℃　低 適温8〜20℃　　湿度：高 多湿を好む　並 やや多湿を好む　低 やや乾燥を好む　　日照：強 日光を好む　並 やや日光を好む　弱 弱光を好む

ファレノプシス Phalaenopsis

ルデマニアナ バーバスティアニ
Phal.lueddemanniana varbastiani 原

- 花期：春
- 花径：4〜5cm
- 株高：15〜20cm
- 温度：高　湿度：低　日照：弱
- 原産地：フィリピン　標高：800m
- 特徴：葉はやや細めで大きい。花色はバラエティに豊み、個体によって異なりますが、この種は小輪の紫赤の蝋質な花弁を持ち、花茎は20〜30cm伸びます。

レオパード プリンス 'ソゴー1138'
Phal.Leopard Prince `Sogo 1138'

- 花期：冬〜春
- 花径：7〜8cm
- 株高：15〜20cm
- 温度：高　湿度：低　日照：弱
- 特徴：ベースのピンクに独特の模様が花弁に入ります。花は大きく丸く展開します。株が大きくなるとじつに豪華な花姿と言ってよいでしょう。

マリエ
Phal.mariae 原

- 花期：春
- 花径：4〜5cm
- 株高：15〜20cm
- 温度：高　湿度：低　日照：弱
- 原産地：フィリピン　標高：800m
- 特徴：花は蝋質で独特の色彩をしています。花は1.5ヵ月くらいもちます。花茎は15〜30cmほど伸びます。花立ちはよく3〜5花茎付けることもあります。

サンデリアナ
Phal.sanderiana 原

- 花期：春
- 花径：6〜7cm
- 株高：15〜20cm
- 温度：高　湿度：低　日照：弱
- 原産地：フィリピン　標高：800m
- 特徴：フィリピン原産の大量に入ることがない希少な種です。ピンク系色の基礎の品種にもなっています。花茎を長く伸ばします。

原：原種

ドラゴンズ ゴールド
Phal.Dragon's Gold

花期：冬〜春	温度	湿度	日照
花径：4〜5cm	高	低	弱
株高：15〜20cm			

特徴：厚弁で蝋質の花が咲きます。花の大きさは4〜5cmとやや小さめですが、見事な黄色の色彩は非常に美しいです。花は5〜10輪ほどつけます。

ビオラセア'ミッチ'
P. violacea 'Mitch' 原

花期：夏	温度	湿度	日照	原産地
花径：4〜5cm	高	低	弱	ボルネオ
株高：3〜5cm				標高：1000m

特徴：香りが最高の種で花の色彩もとてもきれいです。花茎はあまり伸びず株元より花を1輪ずつ着花させ、次々に咲かせる極めて人気の品種です。

ギガンティア
Phal.gigantea 原

花期：春	温度	湿度	日照	原産地
花径：4cm	高	低	弱	ボルネオ
株高：30〜40cm				標高：500m

特徴：ファレノプシスでは最大の葉の大きさをもち1mを超える場合もあります。花は褐色の斑が入り、花茎は20〜40cm下垂して花を付けます。

ヒエログロフィカ
Den.hieroglyphica 原

花期：冬〜春	温度	湿度	日照	原産地
花径：4〜5cm	高	低	弱	フィリピン
株高：15〜20cm				標高：800m

特徴：黄色みをおびたクリーム色の花弁で薄い褐色の斑がほどよく入り、リップは白色です。花茎は15〜30cm伸び、株が大きいと花茎が沢山でます。

温度：高 適温20〜30℃、並 適温13〜25℃、低 適温8〜20℃　湿度：高 多湿を好む、並 やや多湿を好む、低 やや乾燥を好む　日照：強 日光を好む、並 やや日光を好む、弱 弱光を好む

ファレノプシス *Phalaenopsis*

ソゴー チャブスティック
Dtps.Sogo Chabstic

花期：冬～春　花径：3～4cm　株高：10～15cm
温度　湿度　日照
[高] [低] [弱]

特徴：この品種は10～15cmほどの小型な草姿で場所をとりません。花は小さいですが、弁厚の花です。花茎は15～30cm伸びて20～30花をつけます。

コルヌーセルビ
Phal.cornu-ceruvi

花期：春
花径：3～4cm
株高：15cm
温度　湿度　日照
[高] [低] [弱]
原産地 [原]

特徴：比較的小さめな草姿をしています。花は主に黄色でやや小さく褐色の斑が入ります。花つきは一斉に多くの花を付けない特徴があります。

タイ
標高：1000m

エバー スプリング ライト 'ヨンシン'
P. Ever-spring Light 'Youn Shin'

花期：冬～春
花径：7～8cm
株高：15～20cm
温度　湿度　日照
[高] [低] [弱]

特徴：厚弁の花で純白のベースに濃い褐色の斑点が大きく入る珍しい色彩の花です。花茎は30～40cm伸びて10～15輪ほどつき、花もちも特によいです。

スターティアナ
Phal surtartiana [原]

花期：春　花径：5～6cm　株高：15～20cm
温度　湿度　日照
[高] [低] [弱]

原産地
フィリピン
標高：800m

特徴：花はやや小さめで白色からクリーム色をしています。花弁の下にあるペタルに褐色のスポットが入り、株が大きくなると見事な枝打ちをします。

[原]：原種

栽培早見表 ファレノプシス *Phalaenopsis*

	1	2	3	4	5	6	7	8	9	10	11	12
生育状態	1～3月 開花期			4～10月 生育と充実期							11～12月 開花期	
置き場	1～4月 室内				5～9月 屋外					10～12月 室内		
日当たり（遮光率）	1～2月 30%		3～5月 50%			6～8月 70%			9～11月 50%			12月 30%
植替時期					5～7月 鉢増し⇒52ページ							
水やり	1～4月 乾いたら5～6日に1回与える				5～6月 2～3日に1回乾く前に朝与える		7～9月 夏は毎日たっぷり朝と夕方に与える			10月 3～4日に1回	11～12月 5～6日に1回乾いてから与える	
肥料				4～9月 月に1回有機肥料を施す（液肥を併用してもよい）								
消毒					5～9月 戸外に出したら定期的に夕方の涼しい時間に散布する							

置き場所：冬場は室内に置き、春（5月）より秋（9月）までは屋外の雨の当たらない場所に吊るします。温室がある場合は、年間を通して温室内。

温度：冬場でも15℃以上を保ちます。出来ない場合はダンボール箱や発泡スチロールの容器などは保温力があるので、中に入れて冬越しをします。

水やり：夏はほぼ毎日たっぷり与えます。冬は5～6日に1回やや乾き気味がよいです。

肥料：5～9月。液肥（2000倍液を水代わりに施す）

消毒：春先から秋口に屋外へ置くため、病害虫が外部より来る恐れあり。1ヵ月に1回ほど殺虫剤・殺菌剤を散布。また秋口、充分な消毒をしてから室内に取り入れる。

植込材料：素焼き鉢、水ゴケ

原産地：東南アジア（タイ、ミャンマー、台湾、フィリピン、インドネシア）を中心とした標高300～1500mに自生。薄暗い場所にある大木に着生する。

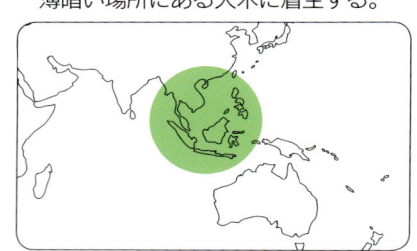

原産地と花の特徴

胡蝶蘭と呼ばれる人気品種

ファレノプシス *Phalaenopsis*

大型交配種

- ステム（花茎）
- 葉
- ドーサルセパル
- ペタル（花弁）
- コラム（ずい柱）
- リップ（唇弁）
- ロアーセパル

葉は幅広で株の基部から30〜40cmの花茎を伸ばし、数輪から数十輪の花を咲かせる

小型交配種

5〜10cmの花茎を伸ばし、1輪から数輪の花を咲かせる小型の品種も市販されている

まるで蝶がヒラヒラと舞うかのような花の姿から、胡蝶蘭（コチョウラン）と呼ばれ親しまれているのがファレノプシスです。近年では大輪の花を咲かせる品種や、小型で多くの花を咲かせる品種、白やピンク、黄、点花などさまざまな色彩の花が咲く品種が、続々と登場しています。原種に改良を重ねて日本で独自に開発されたものや、海外で開発された品種も市販されています。

ファレノプシスは、東南アジア（タイ、ミャンマー、台湾、フィリピン、インドネシア）を中心とした標高300〜1500mに自生する着生ランです。比較的密林に近い薄暗い場所で、大木の枝などに根を張り生息しています。数

枚の幅広の葉を付け、株元より30〜40cmの花茎を伸ばして多くの花を咲かせます。5〜10cmの花茎を持つ、小型の原種もあります。

原種は約60種あり、その大半が高温性（最低温度15℃以上）の地域に自生しています。小型の品種では、5〜8℃の最低温度があれば生息できる品種もあり、高地や東南アジア北部に自生していま す。ファレノプシスは色彩が豊富なため、趣味の世界で多くの人に愛されています。また、温度管理によって花の咲く時期を調整できるようになり、贈答花としてもシンビジウムを抜く勢いで高い人気を集めています。一方でバラエティ豊かな原種も、根強い人気を持っています。

よい株の条件

葉にツヤがある元気な株を

よい

葉にハリとツヤがある

株全体がしっかりとしている

よい株は葉が多くツヤがあり、根もしっかりと伸びている。株が全体的にみずみずしく、しっかりとしている

悪い株は葉の枚数が少なく、垂れ下がっているなど全体的に元気がない。葉に黄色や黒のシミがあるものは避ける

悪い

葉の数が少ない

葉にツヤがなく黄色に変色している。葉が垂れ下がっている

よい花を咲かせるポイント

- 春から夏に水やり・肥料やりを定期的に行い、しっかりとした株に育てましょう。
- 気温が下がる9月頃から花芽ができる準備が始まります。
- 18℃前後の温度に2週間ほど当たると、花芽を付ける習性があります。まずは朝方、4～5時間当てるように心がけましょう。
- 高温性のため、最低温度15℃以上の場所に置きます。
- 花芽ができたら約3ヵ月で開花します。日中の温度はやや高め（25℃以上）が良いです。
- 花茎が約30cmに伸びたら、倒れないように支柱を立てます。
- つぼみが膨らみ始めたら、やや湿度を多く保ちます。暖房などで乾燥しすぎると、つぼみが落ちる原因になります。

購入するときには葉にツヤがあり根がよく張り、全体がしっかりとした株を選びます。葉の枚数が少なく、葉が垂れ下がっている株や、葉が黄色く変色していたり、黒いシミがある株は避けた方がよいでしょう。

また、ファレノプシスは年間を通じて販売されています。ギフト用の株は花もちがよいため、8割以上開花している株をなるべく選ぶようにしましょう。

ファレノプシス
Phalaenopsis

置き場所

夏→屋外、冬→室内

春から夏は木陰、冬は暖かな場所に置こう

春、5月になったら屋外へ出します。5〜10月初旬は風通しのよい木の下などで管理します。雨が当たらないように気を付けましょう。一方、10月中旬頃からは室内に取り込みます。ファレノプシスは高温を好むため、日中は日当たりのよい窓辺など、レースのカーテンを1枚引いたやさしい日当たりで管理します。

また、ファレノプシスは、つぼみが膨らむ時期にやや湿度を必要とします。このとき、部屋の暖房が効きすぎて乾燥してしまうと、つぼみが落ちる原因となります。さらに、寒さに当たってもつぼみが落ちてしまうので、湿度と温度に注意するようにしましょう。

夏
風通しのよい、木の下などの明るい日かげで管理する

5〜10月初旬は、屋外の明るい日かげで管理する。風通しのよい木の下などが最適。雨が当たらないよう注意する

日中は日の当たる窓辺に置く。日が沈んだら、暖房機の風が当たらない部屋の暖かな場所に移して管理する

冬
最低でも2〜3時間、日の当たる暖かい窓辺に置く

花芽のサインを見逃さない

秋から冬にかけて、ファレノプシスは18℃前後の温度に2週間ほど当たると、花芽を付ける習性があります。ただし、花芽と新しい根は同じように株元から出てくるため、間違えないようにしましょう。根は全体に白っぽく、花芽は赤い芽が上に伸びているのが特徴です。

花芽

根のすぐ上から伸びている赤い芽が花芽。先端が上に向かって伸びているのも特徴

水やり

7〜9月→毎朝夕
10〜4月→3〜6日に1回

春から夏はたっぷり灌水を

春から夏（5〜9月）にかけては、株の生長期にあたるため、たっぷりと水を与えます。植え込み材の表面が乾いたら、鉢底から流れ出るくらいの水を与えます。特に7〜8月の夏場は、朝夕たっぷりと水を与えるようにしましょう。ただし、梅雨時期は室内に入れて、やや乾き気味に管理します。高温で湿度が高すぎる状態は、病気の原因になりますので注意しましょう。

いっぽう、晩秋から春の間は、やや乾燥気味にします。10月は植え込み材が乾いてから3〜4日に一度を目安に水を与えます。11〜4月は5〜6日に一度、少量の水を与えます。冬場、室内が乾燥しすぎるときは、霧吹きで水を葉にかけるとよいでしょう。この作業を葉水と呼びます。

水やりのサイン

水やり必要
素焼鉢が乾燥して、色が薄くなっている

まだ必要ない
素焼鉢の色が湿って濃くなっている

鉢の色が明るく変色したら乾燥している。また、植え込み材の表面が乾燥していないかもチェックする

晩秋から初春はやや乾燥気味に管理

晩秋〜初春

10月は3〜4日に一度、植え込み材が乾いてから水を与える。11〜4月は5〜6日に一度、同じく植え込み材が乾いたら水を与える

春から夏は鉢底から流れ出るくらい

春〜初秋

5〜6月は2〜3日に1回、朝たっぷりと与える。7〜9月は毎日、朝と夕方たっぷりと鉢底から流れ出るくらいの水を与える

48

肥料やり 5〜9月

春から秋は液肥を水がわりに

ファレノプシスの葉は年間を通して生長しますが、特に春から秋にかけて生育が盛んです。この時期にやや薄めの液肥（2000倍液）を、水がわりにたっぷりと施します。すると非常に元気な株になり、花数も増え美しい花を咲かせます。また月に一度、有機肥料の置き肥を施します。

ファレノプシスは、濃い肥料を嫌います。そのため肥料を施しすぎたり濃度が高すぎると、根が肥料やけを起こしてしまい、生育を妨げる原因となってしまいます。逆に肥料が不足すると葉が垂れ下がり、元気がなくなってしまいますので、注意するようにしましょう。

肥料不足のサイン

全体になんとなく元気がない。生長が遅い

葉にハリとツヤがない

肥料が不足すると、葉が黄色に変色してくる。これは葉緑素不足から起こる現象。また、葉が下に垂れたりとなんとなく元気がなくなってくる

肥料やりの方法

肥料は鉢の大きさに合わせて、個数を決める。写真の鉢は3号のため、3個の肥料を株から離れた鉢の縁に置く

液肥の施し方

春から秋（5〜9月）にかけてやや薄めの液肥（2000倍液）を、水がわりにたっぷりと施す。

花茎切り　11〜3月

花が傷んできたら花茎のつけ根から切り落とす

ファレノプシスは11〜3月が開花期です。春先になると花がだんだんと枯れてきます。花のつけ根に近いところから傷んできて、花弁が薄くなってきたら、花茎切りを行いましょう。

花茎切りは、花茎のつけ根から切り取ります。そうすることで、株の栄養を温存することができます。また、ファレノプシスは2番花を咲かせることもできます。その場合、花茎は付け根からではなく、株元から3節くらいを残して切り落とします。2番花を咲かせる詳しい方法は、次のページを確認してください。

作業前の状態。花が完全に落ちてしまっている

花茎の上の部分を手で持ちながら、花茎のつけ根にハサミを入れて切る

花茎を切り終えた状態。花茎を切ることで株のエネルギーを温存できる

高芽取り　10〜11月

温度の高すぎが原因

ファレノプシスは秋から冬にかけて18℃前後の温度に2週間ほど当たると、花芽を付ける習性があります。このときの温度管理が重要です。温度が高すぎると、花芽ではなく高芽が出てしまいます。そのままでも問題はありませんが、高芽から3本以上根が伸びてきたら、花茎から外して新たな鉢に植え込むと、簡単に株を増やすことができます。

高芽とは　花が付くべき部分から出た葉芽のこと。肥料の施しすぎによって、高芽が出ることもある

2番花を咲かせる

伏芽から2番花を咲かせよう

11〜3月

ファレノプシスはもともと年2回、花を咲かせる性質を持っています。その花茎をよく見ると、ポコッと膨らんだ竹の節のような部分が等間隔に並んでいます。これを「伏芽」と呼び、ここには花か葉になる芽が隠れています。

2番花を咲かせる場合には、株元から3節くらいを残して花茎を切り落とします。切り落とす際は、節のすぐ上にハサミを入れます。しばらくすると、一番上の節から新しい芽が伸び、つぼみをつけて花を咲かせます。これを2番花と呼びます。

2番花を咲かせるためには、母体の株が元気でなければなりません。葉の枚数が多く、ツヤがある株を選びましょう。しっかりした株に育てるためには、春から夏にかけての管理が重要です。定期的に水と肥料を与え、適切な管理をするようにしましょう。

ファレノプシス *Phalaenopsis*

ポイント ❶

ここから伏芽が伸びて、花を咲かせる

株元から3つ目の節のすぐ上で、花茎を切り落とす

花茎にあるポコッと膨らんだ竹の節のような部分が「伏芽」だ。ここには花か葉になる芽が隠れている

作業前

2番花を咲かせる株は葉にツヤがあり、葉の枚数も多い元気な株に限る

❷

花茎の長さにあわせて、ニッパで支柱もカットする

完成

2番花を咲かせる準備が終わった状態。温度管理が高すぎると高芽になる場合もある

鉢増しの方法

5〜7月中旬

1〜2cm大きな鉢に植え替える

春（5月）になると鉢増し（ひと回り大きな鉢に植え直す作業）の適期になります。鉢増しは、株がよく生長する7月中旬ごろまでに行いましょう。鉢増しを行う目安は、根が鉢からはみ出し新芽が伸び始めている状態です。2年間は鉢増しをしなくてもいいように、1〜2cmくらい大きな鉢に植え替えましょう。ファレノプシスは比較的空気を好むので、なるべく水ゴケで植えます。水ゴケは空気が入るように、やや薄めに巻くとよいでしょう。

道具

（右上から）支柱、ハサミ、ビニタイ、ラベル、竹べら、ニッパ、ピンセット、針金。写真のほかに新しい水ゴケ、鉢底網も用意しておく

ポイント

- 根が鉢からはみ出し、新芽が伸び始めた時期を逃さない。
- 水ゴケを薄めにして植え込むようにする。

1
株元を手でしっかりと持ち、鉢から抜き出す。傷んだ部分がないか確認する

作業前

1〜2回り大きい鉢にする

根が鉢の外に伸びている

鉢の中も根がいっぱいになっている

ファレノプシス

Phalaenopsis

ポイント② ファレノプシスは比較的空気を好むため、水ゴケはやや薄めに巻く

根が元気なので新しい水ゴケを上から巻きつける

ファレノプシスの根は、どんどん上に伸びてくる性質がある。そこで伸びた根は、水ゴケで包み込むようにする

ポイント③

水ゴケは全体に均等に巻く

④ 新しい鉢を用意して、鉢底の穴をふさぐように鉢底網を敷く

完成 鉢増しが完成した様子。数日は水を与えなくてもよい

⑥ 鉢底にすき間をあけることで、根ぐされを防止

⑤ 鉢の周りの水ゴケを指で押して窪ませ、ウォータースペースを作る

鉢の下に1cm程度の空間ができるように植え込む

ギフト用鉢の植え替え 5〜7月

長く楽しむために分けて植え替えよう

大輪の美しい花を咲かせることから、ファレノプシスはギフトとしても親しまれています。このギフト用鉢には見栄えをよくするために、ひとつの鉢にいくつもの株が寄せ植えされています。このままでは、長く育てることはできません。そこで花の観賞を楽しんだら、植え替えを行うとよいでしょう。植え替えに適した時期は、鉢増しと同じく5〜7月です。株はもともと寄せ植えにされているので、鉢から手で抜き出すときに自然と分けることができます。あとはそれぞれの株を、適した大きさの鉢に植え替えていきます。

道具

（右上から）支柱、ハサミ、ビニタイ、ラベル、竹べら、ニッパ、ピンセット、針金。写真のほかに新しい水ゴケ、鉢底網も用意しておく

①

寄せ植えになっている株を、手で一つずつ抜き出す

株元を持ち鉢を手で押さえながら、ゆっくりと株を抜き出す。株を傷めないように注意する

花が付いた株は花を切っておく。写真の株は2番花を咲かせるため、下から3番目の伏芽の上で切った状態

作業前

ポイント
- 作業には5〜7月が最適。
- 寄せ植えになった株それぞれを、新たな鉢に植え替える。
- 水ゴケを薄めにして植え込む。

ファレノプシス

Phalaenopsis

❸ ポイント

水ゴケが古くなっているため、ピンセットを使って丁寧に水ゴケを落としていく

ピンセットを使って古い水ゴケを落とす

❷ 寄せ植えになっていた株を抜き出した状態。3つの株が狭い鉢の中に、寄せ植えされていた

❹ 水ゴケをほぼ落とした状態。根と根の間の水ゴケも、ピンセットで取り除いていく

❺ 水ゴケをすべて落とすと、白い根が現れる。ところどころ黒くなっているのは傷んだ部分だ

❻ ポイント 傷んだ根をハサミで切り取る

黒く変色した根や、手で触ってみてスカスカする根は傷んでいるので、根元からハサミで切り落とす

❼ 傷んだ根をすべて切り落とした株。根はまた新たに生えてくるので、傷んだ根は思い切って切り落とす

根を広げて
水ゴケを
株の下に入れる

❽ 水ゴケを取り除き、傷んだ根を切り落とした3つの株。白くみずみずしい根だけが残っている

❾ 残った根を広げて、新たな水ゴケを根で包み込むように株元に入れる

❿ ファレノプシスは比較的空気を好むため、水ゴケはやや薄めに巻く

ポイント

⓫ 新しい鉢を用意して、鉢底の穴をふさぐように鉢底網を敷く

⓬ 鉢の下に1cm程度の空間ができるように、下部分の水ゴケは少なめにする

ファレノプシス

Phalaenopsis

⑬ 鉢の周りの水ゴケを指で押して窪ませ、ウォータースペースを作る

⑭ 2番花を咲かせるための花茎には、花茎が折れないように支柱を立てる

⑮ 花茎を傷つけないように、ビニタイはゆるめに支柱に固定する

完成

それぞれ適切な大きさの鉢に、植え替えが終わった状態。植え替え後1週間は水を与えなくてもよい

支柱立て　11～1月

花茎が折れないよう、支柱を立てよう

ファレノプシスは、18℃前後の温度に2週間ほど当たると、花芽を付ける習性があります。花芽が付くと、いっきに花茎が伸びていきます。花茎が大型交配種で30cmくらい、小型交配種で5～10cmくらいに伸びたら、花茎が倒れないように支柱を立てます。ファレノプシスは1本の花茎に多くの花を付けます。その重みで花茎が折れるのを防ぐためにも、支柱は必要となります。

❶ 支柱を花茎の長さよりも少し短めに切り、先端をニッパで抑えながらUの字型に曲げる

❷ Uの字型に曲げた部分をニッパで押さえて90度に倒せば、花茎を引っ掛ける部分ができる

❸ 花茎をほぼ垂直な状態で支えられる位置に支柱を立てる。葉が伸びるのを邪魔しないよう注意する

❹ 支柱を立てたら、花茎を折らないようにゆっくりと起こし、支柱のUの字型の部分に花茎を掛ける

完成
花茎が長い品種の場合は、ビニタイで支柱と花茎とを固定する。その際、ゆるめに付けるのがポイント

作業前
つぼみの重みで、花茎が斜めに傾いてしまっている。このままでは花茎が折れる危険性がある

58

デンドロビウム デンファレ

アジアを中心にオセアニア諸島まで、熱帯・亜熱帯・温帯と幅広く生息するデンドロビウム。原種は2000種を超え、多彩な花を楽しむことができます。冬から春にかけて花を付ける種が多く、「春先のラン」として多くの愛好家を魅了しています。

Dendrobium

60〜69	品種カタログ
70	栽培早見表
71	原産地と花の特徴
72	よい株の条件
73	置き場所
73	肥料やり
74	水やり
75	高芽取り
76〜77	鉢増しの方法
78〜81	株分けの方法
82〜84	ベゴ板づけ
85〜87	杉板づけ
88	支柱立て

デカエオイデス
Den.dichaeoides

花期：春
花径：0.5㎝
株高：5〜10㎝

温度　湿度　日照　原産地
低　高　並

インドネシア
標高：2000〜2500m

特徴：株は小型で5㎝ほどです。花は赤紫色で1㎝以下の小さな花ですが5〜20輪ほど1花茎に付きます。やや暑さを嫌う性質があります。

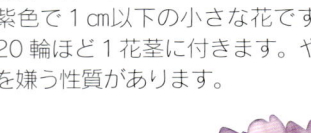

ピエラルディ
Den.pierardii

花期：春　花径：3〜4㎝　株高：30〜60㎝
温度　湿度　日照
低　低　強

原産地

タイ
インド
標高：800〜1000m

特徴：バルブは細く長く伸び下垂します。タイ〜インドにかけて自生する種で、産地によって株の大きさは異なります。夏は特に水を好みます。

ハマナ レーク'ドリーム'
Den.Hamana Lake`Dream'

花期：春　花径：4〜5㎝　株高：30〜40㎝
温度　湿度　日照
低　低　強

特徴：バルブは30〜40㎝で大型に入りますが、花つきが非常によく、1バルブに50〜100輪つく強健種です。花は濃い赤紫色でリップは白です。

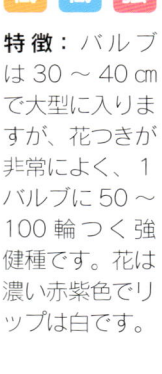

ミヤケイ
Den.miyakei

花期：春〜夏
花径：0.5㎝
株高：30〜40㎝

温度　湿度　日照　原産地 
低　高　強

フィリピン
標高：300〜500m

特徴：台湾とフィリピンの間の島々に自生する種で濃い赤色をしています。花はボール状に各節より咲き、花付きはよく年2回咲くこともあります。

温度：適温20〜30℃、適温13〜25℃、適温8〜20℃　湿度：多湿を好む、やや多湿を好む、やや乾燥を好む　日照：日光を好む、やや日光を好む、弱光を好む

デンドロビウム／デンファレ *Dendrobium*

タンニー
Den.tannii 原

花期：不定期	温度	湿度	日照	原産地
花径：3〜4cm	低	高	強	インドネシア
株高：15〜25cm				標高：1500m以上

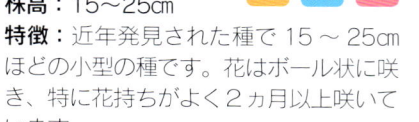

特徴：近年発見された種で15〜25cmほどの小型の種です。花はボール状に咲き、特に花持ちがよく2ヵ月以上咲いています。

ホホエミ 'リバティ ベル'
Den.Hohoemi 'liberty Bell'

花期：春	温度	湿度	日照
花径：4〜5cm	低	低	強
株高：25〜30cm			

特徴：耐寒性のあるキンギアナムを親にした品種で花は厚弁で、濃い赤の花を1花茎5〜10輪着花します。株は比較的小さく強健種です。

セクンダム
Den.cecundum 原

花期：春〜夏	温度	湿度	日照	原産地
花径：0.5cm	低	低	強	タイ
株高：30〜40cm				標高：1000m

特徴：1バルブに2〜3本の花茎を伸ばし濃赤色の花を古いバルブに1花茎20〜50輪付けます。冬場は特に乾燥と日照を欲しがります。

ニュー スター 'レッド リバー'
Den.New Star 'Red River'

花期：春	温度	湿度	日照
花径：4〜5cm	低	低	強
株高：30〜40cm			

特徴：比較的コンパクトな株立ちで花つきも非常によく、花は大きくボリューム感が非常にあります。花色はやや濃い目のピンク色です。

原：原種

キャンディ ラブ 'ドキドキ'
Den.Candy Love 'Dokidoki'

花期：春　花径：4～5㎝　株高：30～40㎝
温度　湿度　日照
低　低　強

特徴：株は30～40㎝ほどで花は大きい。白の花弁にピンクの縁取りがあり、かなり目立つ花です。最新のノビル系種で、花持ちもよい。

パリシー
Den.parishii 原

花期：春
花径：2.5～3㎝
株高：20～25㎝
温度　湿度　日照
低　低　強
原産地
標高：1000m

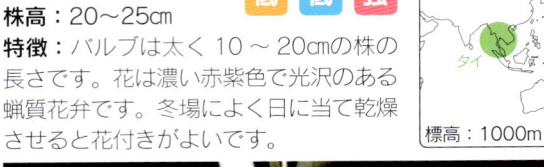

特徴：バルブは太く10～20㎝の株の長さです。花は濃い赤紫色で光沢のある蝋質花弁です。冬場によく日に当て乾燥させると花付きがよいです。

ファーメリー
Den.farmeri 原

花期：春
花径：3～4㎝
株高：25～30㎝
温度　湿度　日照
低　低　強
原産地
標高：1000m

特徴：シルシフロラムに似た株姿ですがやや小ぶりです。花は白色に濃い黄色が入りますが、近年ピンクの色彩の個体もあります。

ノビレ
Den.nobile 原

花期：春　花径：3～4㎝　株高：30～40㎝
温度　湿度　日照
低　低　強
原産地
標高：1000m

特徴：ノビル系の元になる種で今の交配種の多くがこの種を改良しています。寒さに当てる事により花を付けます。極めて強健な種です。

温度：🟥適温20～30℃、🟧適温13～25℃、🟦適温8～20℃　湿度：🟦多湿を好む、🟩やや多湿を好む、🟧やや乾燥を好む　日照：🟥日光を好む、🟧やや日光を好む、🟩弱光を好む

デンドロビウム/デンファレ
Dendrobium

アメジストグロッサム
Den.amethystoglossum 原

花期：冬
花径：2～2.5㎝
株高：40～50㎝

温度：低　湿度：並　日照：強

原産地：フィリピン　標高：800m

特徴：アメジスト色のリップから付けられた名前で人気があります。1花茎20～30輪ほど下垂して咲きます。近年特に人気が出てきました。

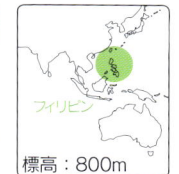

スーパーバム
Den.superbum 原

花期：春　花径：5～7㎝　株高：50～80㎝

温度：並　湿度：並　日照：強

原産地：フィリピン　標高：500m

特徴：バルブは長く下垂し、各節に花を2～3輪付けて咲きます。花色は濃いピンクで比較的大きな花を付けます。香りが特によいです。

ラウェシー 'TK-617'
Den.lawesii 'TK-617' 原

花期：不定期　花径：1～1.5㎝　株高：20～30㎝

温度：低　湿度：高　日照：並

原産地：ニューギニア　標高：2000m

特徴：ニューギニア原産の高地性の品種です。株は細く草丈はやや小さく、花は濃い赤色が標準色ですが、花弁の先端が黄色のものもあります。

ブロンカルティ
Den.bronckartii 原

花期：春～夏　花径：3～3.5㎝　株高：50～60㎝

温度：低　湿度：並　日照：強

原産地：ベトナム　標高：500～1000m

特徴：近年発見された品種のひとつでピンクの濃い下垂性の品種です。黄色や白系の類似品種とは異なる豪華さが魅力のものです。

原：原種

スミリエ
Den.smilliae 原

花期：夏　花径：1.5〜2cm　株高：40〜80cm
温度 湿度 日照
高　並　強

原産地：ニューギニア
標高：800〜1500m

特徴：比較的大きくなる性質の種で花はバルブの先端に密に付きます。花弁は蝋質で中心は濃い緑色をしています。やや高温性の原種です。

フルギダム
Den.fulginum 原

花期：春〜夏　花径：1〜1.5cm　株高：30〜40cm
温度 湿度 日照
低　低　並

原産地：インドネシア
標高：1500m

特徴：近年発見されたインドネシアの原種です。バルブはやや細く直立し、濃いオレンジ色の蝋質花弁をしています。水を好みます。

アグレガタム
Den.aggregatum 原

花期：春
花径：3〜4cm
株高：15〜20cm
温度 湿度 日照
低　低　強

原産地：タイ
標高：1000m

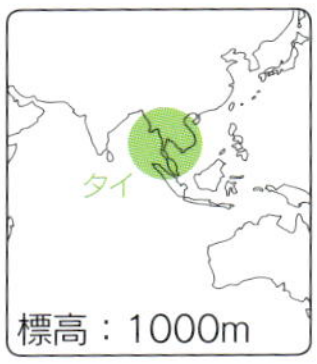

特徴：デンドロビウムで最も人気のある品種のひとつで、寒さにも強く極強健種です。下垂して咲く黄色の花は本当に美しく、華麗さを感じます。

ファシフェラム
Den.faciferun 原

花期：春　花径：2cm　株高：25〜30cm
温度 湿度 日照
並　高　並

原産地：インドネシア
標高：1000m

特徴：近年発見された品種で株の先端が長く伸びる数少ない性質を持っている種のひとつです。色彩も濃いオレンジ色で非常にめだつ花です。

温度：高 適温20〜30℃、並 適温13〜25℃、低 適温8〜20℃　湿度：高 多湿を好む、並 やや多湿を好む、低 やや乾燥を好む　日照：強 日光を好む、並 やや日光を好む、弱 弱光を好む

デンドロビウム／デンファレ *Dendrobium*

シンナバリアナム
Den.cinnabarianum 原

花期：春〜夏
花径：4〜5cm
株高：40〜60cm

温度 低 湿度 高 日照 並

原産地
インドネシア
標高：1000m

特徴：バルブは非常に細く長く伸びます。花はバルブの上節より1輪4〜5cmのオレンジ色の花を付けます。水は年間通して与えます。

クリソペタラム
Den.chrysopterum 原

花期：春〜夏　花径：3〜4cm　株高：25〜30cm
温度 低 湿度 高 日照 強

原産地
インドネシア
標高：2000m

特徴：バルブは細く直立し長く伸びます。花は3〜4cmで1花茎に2〜3輪付きます。花もちは特によいです。年間を通して水を多めに与えてください。

クスバートソニー
Den.cuthbertsonii 原

花期：不定期
花径：3cm
株高：5〜10cm

温度 低 湿度 高 日照 強

原産地
ニューギニア
標高：2500m

特徴：3,000mの高地に自生する極小型のバルブを持つ種です。花は濃い赤色で花もちは2ヵ月と特によいです。25度以下での栽培が必要です。

クリソトキサム
Den.chrysotoxum 原

花期：春
花径：3〜4cm
株高：30〜35cm

温度 並 湿度 低 日照 強

原産地
タイ
標高：800m

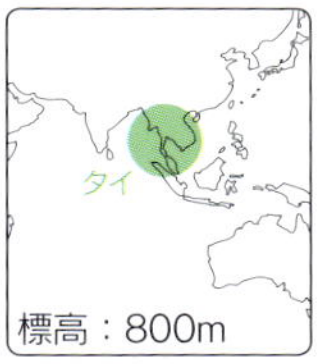

特徴：太めのバルブでやや株は大きく、花はバルブの上節より20〜30cm花茎を伸ばして、10〜20輪ほど着花します。冬場の乾燥を特に好みます。

原：原種

ピノリーノ'アツミドリーム'
Den.Pinolino `Atsumi Dream'

花期：春　　温度　湿度　日照
花径：4～5cm　低　低　強
株高：30～40cm
特徴：やや大型の草丈で、比較的新しい品種です。花弁は黄色でリップには濃い褐色の目が入ります。秋からはよく日に当てて栽培します。

デンシフローラム
Den.densiflorum 原

花期：春　　温度　湿度　日照　原産地 
花径：3cm　並　低　強
株高：30～40cm
特徴：バルブは堅く40cmほど伸びます。花は黄色でリップは特に濃い黄色をしています。1花茎は20～30cm下垂して花を30～50輪ほど付けます。

原産地：タイ　標高：1000m

プリムリナム（ベトナム）
Den.primulinum(Vietonum) 原

花期：春　花径：3～4cm　株高：20～30cm
温度　湿度　日照
低　並　強

原産地：タイ・ベトナム　標高：1000m

特徴：下垂するバルブが20～30cm以上伸び、各節に花を付けます。生長期の春から夏は特に水を好み、乾期の冬に乾燥させます。

ガットンサンレイ
Den.Gatton Sunray

花期：春～夏　　温度　湿度　日照
花径：5～6cm　低　低　強
株高：30～40cm
特徴：原種同士を交配した、古くからある大型の品種です。花は大きく1花茎5～10輪ほど付きます。すでに50年以上前からある人気品種です。

温度：[強]適温20～30℃　[並]適温13～25℃　[低]適温8～20℃　湿度：[強]多湿を好む　[並]やや多湿を好む　[低]やや乾燥を好む　日照：[強]日光を好む　[並]やや日光を好む　[弱]弱光を好む

デンドロビウム／デンファレ *Dendrobium*

フタミ
Den.Futani

花期：春　花径：3～4cm　株高：30～40cm
温度　湿度　日照
低　低　強

特徴：やや細めのバルブで小型。花つきがよい最新の交配種です。花はクリーム色でリップの中心が濃いオレンジ色です。

ウシタエ
Den.usitae 原

花期：春　花径：2～3cm　株高：30～40cm
温度　湿度　日照
低　並　強

原産地：フィリピン　標高：300～500m

特徴：黄色のトパジアカムと赤のミヤケイの自然交雑種でフィリピン北部の島々に自生しています。花は両親の中間色でオレンジ色をしています。

トリゴノパス
Den.trigonopus 原

花期：春
花径：3～4cm
株高：25～30cm
温度　湿度　日照
低　低　強

原産地：タイ　標高：1000m

特徴：近年すっかり見ることができなくなってきた種で乾燥を好みます。夏場を除く時期は乾燥させて栽培します。花は蝋質で厚弁です。

シルシフロラム
Den.thyrsiflorum 原

花期：春
花径：3～4cm
株高：30～40cm
温度　湿度　日照
低　低　強

原産地：タイ　標高：1000m

特徴：最も代表的な種のひとつで非常に人気があります。花は20～50輪一花茎に付き下垂して咲きます。花弁は白く、リップは濃い黄色です。

原：原種

カプチュリフロラム
Den.capituliflorum 原

花期：春
花径：0.5〜1cm
株高：30〜40cm

温度 湿度 日照
低 並 強

原産地
インドネシア
標高：1500m

特徴：1花茎にボール状に小さい白色の花を密に10〜50輪付けます。花は古いバルブに付きます。小さな株の時でも容易に花を付けます。

クルエンタム
Den.curuentum 原

花期：夏〜冬　花径：3〜4cm　株高：30〜40cm

温度 湿度 日照
低 高 強

原産地
タイ
標高：1000m

特徴：バルブは堅くしっかりして上に伸びます。やや小さめの株でも花つきはよく、グリーン味の強い白色の花。花は厚く花もちはよい。

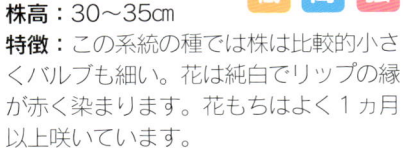

パープレウム アルバム
Den.purpureum album 原

花期：春〜夏
花径：0.5cm
株高：30〜70cm

温度 湿度 日照
並 高 強

原産地
インドネシア
標高：1500m

特徴：バルブは長く伸び下垂し、時には1m以上伸びます。花は白と赤があり、共に各節にボール状に数十輪付けます。水を好みます。

ロードスティクタ
Den.rhodostictum 原

花期：春
花径：5〜7cm
株高：30〜35cm

温度 湿度 日照
低 高 強

原産地
インドネシア
標高：1500m

特徴：この系統の種では株は比較的小さくバルブも細い。花は純白でリップの縁が赤く染まります。花もちはよく1ヵ月以上咲いています。

温度：高 適温20〜30℃、並 適温13〜25℃、低 適温8〜20℃　湿度：高 多湿を好む、並 やや多湿を好む、低 やや乾燥を好む　日照：強 日光を好む、並 やや日光を好む、弱 弱光を好む

デンドロビウム／デンファレ *Dendrobium*

▲ここからの4品種はデンファレです。

ミニデンファレ ピンク
Den.Pink-2

花期：不定期
花径：5～6cm
株高：20～30cm
温度 高　湿度 低　日照 強

特徴：株は小型で場所を取りません。花も大きく花もちもよいです。高湿気は花が付いたとき蕾が落ちることがあるので乾燥した場所に置きます。

ミニデンファレ レッド
Den.mini-red

花期：不定期
花径：5～6cm
株高：20～30cm
温度 高　湿度 低　日照 強

特徴：オーストラリアの原種を使った小型のデンファレです。寒さにやや強くなっているため10℃以上の温度で栽培ができます。

フォーミデブル
Den.Mini-Formi

花期：夏
花径：6～8cm
株高：20～30cm
温度 高　湿度 低　日照 強

特徴：フォーミデブルの小型種として改良された品種です。花つきは非常によく、寒さにも従来の大型種よりも強くなっています。

デンファレ スリーリップ
Den.3-Rip

花期：不定期
花径：5～6cm
株高：20～30cm
温度 高　湿度 低　日照 強

特徴：非常に珍しい3弁花の品種です。花は見事なピンク色で大きな花です。栽培は12℃以上の温度が必要となります。

69　原：原種

栽培早見表　デンドロビウム／デンファレ　*Dendrobium*

	1	2	3	4	5	6	7	8	9	10	11	12
生育状態	1〜3月 開花期			4〜10月 生育と充実期								12月 開花期
置き場	1〜4月 室内				5〜10月 屋外						11〜12月 室内	
日当たり（遮光率）	1〜2月 30%		3〜5月 50%			6〜8月 70%			9〜11月 50%			12月 30%
植替時期					5〜7月 鉢増し⇒76ページ 株分け⇒78ページ							
水やり	1〜4月 乾いたら5〜6日に1回与える				5〜6月 2〜3日に1回朝乾く前に与える		7〜9月 夏は毎日朝と夕方たっぷり与える			10月 3〜4日に1回	11〜12月 5〜6日に1回乾いてから与える	
肥料				4〜6月 月に1回有機肥料を施す（液肥を併用してもよい）								
消毒					5〜9月 屋外に出したら定期的に夕方の涼しい時間に与える							

置き場所：冬場は室内に置き春（5月）より秋（10月）までは屋外に出します。温室がある場合でも外に出すと特に元気になります。

温度：冬場でも7℃以上を保ちます。温度を保てない場合はダンボール箱や発泡スチロールの容器などは保温力があるので、夜間、中に入れて冬越しをします。

水やり：夏はほぼ毎日たっぷり与えます。冬は1週間に1回やや乾き気味がよいです。

肥料：5〜9月。液肥（2000倍液を水代わりに施す）

消毒：春先から秋口に屋外へ置くため、病害虫が外部より来る恐れあり。1ヵ月に1回ほど殺虫剤・殺菌剤を散布する。また秋口、充分な消毒をしてから室内に取り入れる。

植込材料：
素焼き鉢
水ゴケ

原産地：アジアを中心にオーストラリア、ニューギニア、ニューカレドニア、フィジー諸島などのオセアニアまでの熱帯、亜熱帯、温帯地方に自生する。

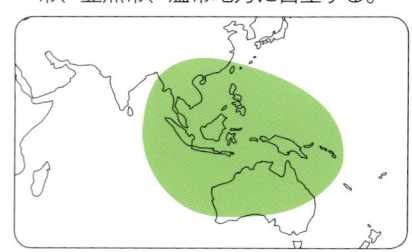

原産地と花の特徴

多品種が楽しめる春先のラン

デンドロビウム

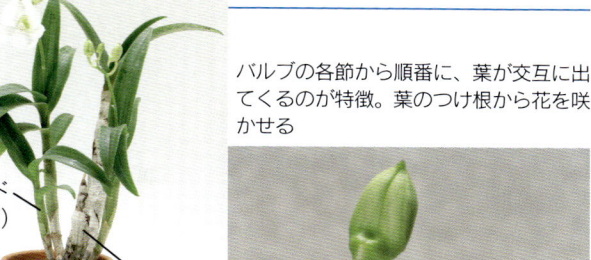

リード（新芽）

バックバルブ（古いバルブ）

バルブの各節から順番に、葉が交互に出てくるのが特徴。葉のつけ根から花を咲かせる

リップ（唇弁）

ペタル（花弁）

コラム（ずい柱）

ドーサルセパル（上がく片）

ローアセパル（下がく片）

バルブの葉の付け根に多数の花をつける。比較的寒さに強い品種（ノビル系）

デンファレ

ドーサルセパル

ペタル

コラム

リップ

ローアセパル

バルブ

バックバルブ

デンファレは、花茎を上に伸ばし花をつける。花の姿がファレノプシスに似ているのが特徴

デンドロビウムの多くは、比較的高地のよく日が当たる樹木に着生しています。夏に生長し冬から春に花をつける品種が多く、「春先のラン」として多くの愛好家を楽しませてくれます。

原産地はアジアを中心にオセアニア諸島にまで広がり、熱帯・亜熱帯・温帯と幅広く生息しています。原種は2000種を超える大属で、花の色も豊富です。

その特徴によって大まかに3つに分けられます。ひとつは日本でもおなじみの「ノビル系」です。バルブの各節に花をつけ、寒さにも比較的強い品種です。もうひとつは、花茎を上に伸ばし花をつける高温系（デンファレの仲間）。最後に、花茎を下に垂らし多数の花をつける原種に近いタイプがあります。なかでもデンファレの仲間はデンドロビウム・デンファレ系で、花の姿がファレノプシスに似ていることから、俗称でデンファレと呼ばれています。

デンドロビウムは品種が多く、性質もさまざまです。品種によっては栽培が難しいものもあります。きれいな花を咲かせるためには、高温性・中温性・低温性それぞれの性質を理解して、適切な栽培をすることが重要です。

よい株の条件

葉とバルブにハリがあるものを

購入するときには葉にツヤがあり、バルブにもハリとツヤがある株を選びます。葉が変色していたり、バルブにハリがない株は避けるようにしましょう。市販されているデンドロビウムの約70％は、日本の気候に適した中温性です。ノビル系や原種の多くもこの中温性です。中温性の品種は冬季（12〜3月）にはやや加温が必要ですが、比較的容易に栽培できます。いっぽう、デンファレの多くは高温性です。冬場はやや高めの温度で管理する必要があります。購入時には、栽培最低温度を確認するようにしましょう。

よい

葉にハリとツヤがある。葉の数が多い

バルブにハリとツヤがある

よい株は葉が多くツヤがあり、バルブもしっかりしている。株が全体的に元気なものを選ぶ

悪い

葉の数が少ない。バルブに元気がない

葉にツヤがなく黒いシミがあったり、黄色っぽく変色している部分がある

悪い株は葉の枚数が少なく、バルブにもハリがない。葉に黄色や黒のシミがあるものは避ける

害虫

デンドロビウムには、カイガラムシがつきやすく、見つけたら先の尖ったもので取り除きます。また、春先と秋口の害虫が発生しやすい時期には、病害虫の消毒を1〜2回散布するとよいでしょう。

害虫

カイガラムシは、白く粉をふいた状態になっているのが特徴

置き場所

春から夏は木かげで管理を

夏→屋外、冬→室内

夏 風通しのよい、木の下などに吊るして管理する

冬 日当たりのよい場所に置き、管理する

5～9月の生長期は直射日光を避け、涼しい場所に置く。風通しも重要。木に吊るしたり、棚の上に置いて管理する

高温性の品種は日当たりのよい場所におき、18℃以上に管理する。中温性の品種は、12月には室内に入れ、やや加温する

高温性や中温性の品種は、5月になったら戸外へ出します。5～9月の生長期は直射日光を避け、涼しい場所に置きます。風通しも重要です。夏場は自生状態に最も近くするために、木に吊るして栽培します。また、風通しのよい棚に置くのもよいでしょう。

高温性の品種は、10月以降室内で管理します。日当たりのよい場所に置き、18℃前後の温度を保ちます。中温性の品種は、10月頃よりよく日を当て乾燥させます。5～12月頃、13～14℃の低温に10日ほどあたると、花芽が形成されます。12月には室内に取り込み3月までやや加温します。

いっぽう、専門店で売られている低温性の品種は、最低温度が5℃以下に、最高温度は25℃以上にならないように管理。夏場でも涼しい場所に置く必要があります。

肥料やり

生長期と充実期にメリハリを

5～7月

5～7月には、親指大の置き肥を3号鉢なら3つほど施します。

さらに、1週間から10日の間隔で、市販の液肥を表示濃度の2倍以上に薄めて、水やりがわりにたっぷりと施します。真夏以降、7月末から8月初旬には、肥料を施すのをぴたりとやめます。そうすると花芽がつきやすくなります。ただし高温性の品種は、冬でも若干の肥料を施してもよいでしょう。

写真の鉢は3号鉢のため、置き肥を3～4つ施す。置き肥は、株からできる限り離して置く

水やり

5～9月→毎日
1～4月→5～6日に1回

冬場は乾燥気味に管理する

春から夏（5～9月）にかけては、株の生長期にあたるため、たっぷりと水を与えます。植え込み材の表面が乾いたら、鉢底から流れ出るくらいの水を与えます。いっぽう、晩秋から春の間は、やや乾燥気味にします。中温性（ノビル系）の品種では、10月頃より株全体に日を当てて乾燥させることが、花芽をつけるために重要です。低温性の小型の株では、冬場でも水を好む性質があります。

水やりのサイン

デンドロビウム

水やり必要　　まだ必要ない

デンファレ

水やり必要　　まだ必要ない

素焼鉢が乾燥して色が薄くなっている
素焼鉢が乾燥し、明るい色になったら水やりが必要。水ゴケの表面も乾いてくるので併せて確認を

素焼鉢の色が湿って濃くなっている
素焼鉢の色で、水やりの状態を確認できる。色が濃く湿っているときは水やりの必要はない

杉板の水やりのサイン

右側の杉板は水が足りている状態。見分けるポイントは、板の色と重さ。水が足りている場合は、杉板の色が濃く手で持つと重たい

デンドロビウムの水やりの方法

晩秋～春

乾燥気味に管理する。植え込み材の表面が乾いてきたら少量の水を与える

春～夏

植え込み材の表面が乾いたら、鉢底から流れ出るくらい、たっぷりと水を与える

74

10月以降の水やりが原因

高芽取り 10月以降

デンドロビウム／デンファレ *Dendrobium*

デンドロビウムは雨季と乾季がある地域に自生しているものが多く、花芽が形成されるには10月頃から乾燥させることがポイントです。10月を過ぎても水を与えてしまうと、花芽になるべき芽が雨季と勘違いをして、生長するために葉芽となってしまいます。これがデンドロビウムの高芽です。

高芽はそのままでも問題はありませんが、高芽から3本以上根が伸びてきたら、花茎から外して新たな鉢に植え込むと、簡単に株を増やすことができます。

作業前
これが高芽
バルブの上の花芽が伸びるべき部分から葉芽が伸びている。これが高芽

ポイント ① 
指でつまんで左右にゆすれば、ポロッと取れる
下のバルブを片方の手で押さえながら、左右に高芽を揺らせば、簡単に外すことができる

②
根が伸びており、植えられる状態
高芽のバルブの下からは根が伸び、植えられる状態だ

高芽を取り外した状態。バルブの下から根が伸びている様子が、よく分かる

③ 
水ゴケは根の部分にひと巻きする。バルブ部分に水ゴケがかかると、腐る原因になるので注意

④ 
水ゴケがしっかり収まるよう指でギュッと押し込む
小さめの鉢（写真は2号鉢）を用意して、高芽を植え込む

完成 
左が親株で、右が高芽を植えた株だ。両方の株とも開花株に生長する

鉢増しの方法 4～7月初旬

新芽が伸びる生長期に行おう

春（4月）になると多くの品種は花を終えて生長のために新芽を伸ばし始めます。ラン全般に言えることですが、この生長期がもっとも鉢増し（ひと回り大きな鉢に植え直す作業）に適しています。鉢増しは、7月初旬の梅雨前までに終わらせるようにしましょう。鉢増しを行う目安は、新芽が伸び始めている状態です。

水ゴケは、新芽が伸びる方向に厚めに巻きます。そうすることで、新芽が生長するスペースを確保できます。

道具

（右上から）支柱、ハサミ、ビニタイ、ラベル、竹べら、ニッパ、ピンセット、針金。写真のほかに新しい水ゴケ、鉢底網も用意しておく

❶ 竹べらを水ゴケと鉢の間に入れて、ぐるっと一周させる。その後、竹べらで水ゴケごと持ち上げる

作業前

新芽が鉢の外に伸びている

1～2回り大きい鉢にする

ポイント
- 梅雨前までに終わらせる。
- 新芽が伸び始めた時期を逃さない。
- 新芽側に水ゴケを厚く巻く。

デンドロビウム／デンファレ *Dendrobium*

ポイント ❸

新芽

新芽側に多く水ゴケを足し、その後、全体にひと巻きする

根の痛みがなく、水ゴケもきれいなため上から新しい水ゴケを巻いていく

❷

株の根元をしっかりと持ち、持ち上げて鉢から取り出す。新芽などを傷めないように注意する

❺

新しい鉢を用意して、鉢底の穴をふさぐように鉢底網を敷く

❹

新芽側に水ゴケを多めに巻いたら、全体に水ゴケをひと巻きする

完成

植え替える鉢は、ひとバルブ分ほど大きな鉢を選ぶ。鉢が大きすぎると根が腐る原因になるので注意

❻

新芽側から入れたら、バックバルブ側を押し込む

鉢の周囲を親指で押してへこませて、ウォータースペースを作る

77

株分けの方法 4〜7月

鉢内にバルブが込み合ったら株分けを

デンドロビウムは丈夫なランのため、古いバルブの横に新しいバルブがどんどんと伸びてきます。その状態のままにしておくと、水はけが悪くなり生育にも影響が出てしまいます。鉢の中がバルブで込み合い、新芽が鉢の外まではみ出すようになったら株分けを行いましょう。株分けには、鉢増しと同じく生長期がもっとも適しています。4月から7月初旬の梅雨前までには、株分けを終わらせるようにしましょう。株を分けるときには新芽が伸びている方向を確認し、株の分かれ目にハサミを入れるとよいでしょう。

道具

（右上から）支柱、ハサミ、ビニタイ、ラベル、竹べら、ニッパ、ピンセット、針金。写真のほかに新しい水ゴケ、鉢底網も用意しておく

作業前

鉢の中がバルブで込み合い、新芽が鉢の外まではみ出すようになったら株分けが必要

バルブが6本以上あり込み合っている

ポイント

●鉢の中がバルブで込み合ってきたら行う。
●作業には4〜7月が最適。
●新芽が伸びる方向を確認し、分かれ目にハサミを入れる。

デンドロビウム／デンファレ *Dendrobium*

① 竹べらを水ゴケと鉢の間に入れ1周し、竹べらで持ち上げる

竹べらがなければ、ナイフ（食卓用）を使ってもよい。株は少しずつ丁寧に持ち上げよう

② 株を取り出したら傷んだ根がないか確認する。この株は傷んだ部分はない

ポイント ③ 葉が落ちた古いバルブは鉢の中央付近に、新芽は鉢の外に向かって伸びていることが多い

新芽が伸びている

新芽が伸びている方向を確認し、株の分かれ目にハサミを入れて切る。葉が落ちているのは古いバルブ

新芽が伸びている

④ ハサミで切り込みを入れたら、あとは手でゆっくりと根を分けていく

新芽が伸びる側に水ゴケを多めに巻く

⑤ 株を2つに分けた状態。根が傷んでいる場合は、この段階でハサミで切り落とす

⑥ ポイント 新芽が伸びる方向に水ゴケを厚めに巻くことで、新芽が生長するスペースを確保する

⑦ バックバルブ側にも、全体に新しい水ゴケをひと巻きする

⑧ 新しい鉢を用意して、鉢底の穴をふさぐように鉢底網を敷く

⑨ 新芽側を鉢に入れたらバックバルブ側を指で押し込む。鉢の周囲に親指でウォータースペースを作る

80

デンドロビウム／デンファレ

よい花を咲かせるポイント

デンドロビウム（中温性）

- 春から夏にかけて水をたっぷりと水を与え、肥料も定期的に施し、しっかりとした株に育てます。
- 10月頃株全体によく光を当て乾燥させることが、花芽の形成には重要です。この頃、水やりは極力減らします。
- 中温性種のため日本の気候に適していますが、冬季（12～3月）はやや加温をし、湿度も保ちます。12月には花芽を形成し、2～3月頃咲き始めます。

デンファレ（高温性）

- 熱帯ジャングルに自生しているため、夏季は特に水を好みます。
- 10月以降、外気温が15℃以下になったら室内に入れ、冬季でも18℃前後の温度を保ちます。
- 冬は日当たりのよい場所に置き、冬季でも若干の肥料は与えてもよいでしょう。
- 高温性のタイプは、初夏と春から冬にかけて年2回、花を付けます。

❿ ひとつの株を植え終わった状態。バルブの周りに空間ができ、生長するためのスペースが確保できた

完成

2つの株に株分けが完了。株の大きさに合わせて、適切な大きさの鉢を選ぶようにしよう

ヘゴ板づけ　4〜7月

自生に近い状態で栽培するヘゴ板づけ

ヘゴとはシダ植物の一種で、園芸店には板や棒状のもの、茎の部分などが売られています。ランの栽培に慣れてきたら自生状態をイメージして、ヘゴにランを着生させてみましょう。ヘゴ板づけに向いているのは、バルブがあり株が小さく増えやすい品種。また夏には風通しを、冬には乾燥を好む品種が適しています。デンドロビウムなら小型の品種、このほかファレノプシスやカトレア、オンシジウムも向いています。作業時期は春先がいちばん適しています。

①

竹べらで持ち上げるときは、株を傷めないようにゆっくりと作業を行う

竹べらを水ゴケと鉢の間に入れ1周し、竹べらで持ち上げる

道具

（右上から）支柱、ハサミ、ビニタイ、ラベル、竹べら、ニッパ、ピンセット、針金

作業前

葉にツヤがあり、バルブにもハリとツヤがある元気な株を用意する。ヘゴ板の大きさは好みのものを

ポイント
- バルブがあり株が小さく増えやすい品種を。
- 夏には風通し、冬には乾燥を好む品種が向いている。

デンドロビウム／デンファレ *Dendrobium*

ポイント ③

② 株を鉢から取りだした状態。この株は根に傷んでいる部分はない

ヘゴ板に取り付けるために、水ゴケをピンセットで根を傷つけないように落としていく

ピンセットで水ゴケを取る

根が出るように水ゴケを落とす。株元は水ゴケが多めに残るようにする

④ ヘゴ板づけを行うのは株の生長期。この時期は水が必要となるため、乾きすぎないよう株元に水ゴケを残す

⑤ 根を広げて、ヘゴ板の真ん中から下あたりに株を置く

**コの字型に曲げた針金を
ヘゴ板に刺し、
根の水ゴケを固定する**

株がずり落ちないように、コの字型に曲げた針金を2～3箇所差し込み、ヘゴ板に固定する

ポイント ❻

❼

吊るしたとき上にくる部分に、キリで針金を通すための穴を開ける

完成

太めの針金の両側をニッパでUの字型に曲げ、キリで開けた穴に通し、吊るせば完成

着生種と地生種

着生種とは、樹木の枝や崖地の壁に根を張って生息している品種。デンドロビウムをはじめ多くのランが着生種です。着生種は根が空気に触れることを好むため、ヘゴ板やコルクづけに適しています。一方、地生種は地面に根を張って生息しています。パフィオペディラムやシンビジウムなどが地生種です。腐葉土に根を張って自生することが多く、水分と養分を好む性質があります。

地生種 / 着生種

自生地の状態を知ることで、そのランの性質を知ることができる

84

| デンドロビウム/デンファレ Dendrobium |

杉板づけ 4〜7月

ヘゴ板の代わりに杉板に植え付けよう

ヘゴ板をわざわざ園芸店で購入しなくても、身近にある杉板などで代用することができます。樹皮が付いていて、表面がでこぼこしている板が植え付けに向いています。でこぼこしていることで、株が根を張りやすくなるからです。

作業時期はヘゴ板づけと同じく、春先が最適です。また、向いている品種もヘゴ板づけと同じです。バルブがあり株が小さく増えやすい品種で、夏には風通しを、冬には乾燥を好むものを植えつけてみましょう。

①

竹べらを水ゴケと鉢の間に入れ1周し、竹べらで持ち上げる

竹べらで持ち上げるときは、株を傷めないようにゆっくりと作業を行う

道具

（右上から）支柱、ハサミ、ビニタイ、ラベル、竹べら、ニッパ、ピンセット、針金

作業前

葉にツヤがあり、バルブにもハリとツヤがある元気な株を。杉板は厚みが数センチのものを用意する

ポイント
- 樹皮が残り、表面がでこぼこした杉板を用意する。
- バルブがあり小型で、夏には風通し冬には乾燥を好む品種が向いている。

ポイント ③

杉板に取り付けるために、水ゴケをピンセットで落とす。根を傷つけないように注意

→ ピンセットで水ゴケを取る

②

株を鉢から取りだした状態。傷んだ根があればハサミで切り落とす

杉板づけは株の生長期に行う。この時期は水が必要となるため、乾燥しないよう株元に水ゴケを残す

ポイント ④

→ 根が出るように水ゴケを落とす。株元は水ゴケが多めに残るようにする

根を広げて、杉板の真ん中から下あたりに株を置く

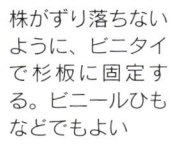

⑤

株がずり落ちないように、ビニタイで杉板に固定する。ビニールひもなどでもよい

⑥

86

デンドロビウム／デンファレ
Dendrobium

7

ビニタイを杉板の角を利用してねじって、株を固定する

完成

太めの針金の両側を
ニッパでUの字型に
曲げ、キリで開けた
穴に通し、吊るせば
完成

8

針金を通して吊るすために、杉
板の上側にキリで穴を開ける

杉板づけをして4〜5ヵ月経った
株。根が杉板表面の隙間に入り込
みしっかり着生している

87

支柱立て　7〜10月

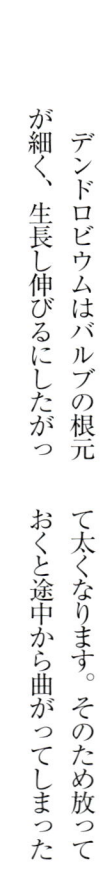

支柱は新芽が生長しバルブが完成する頃に

デンドロビウムはバルブの根元が細く、生長し伸びるにしたがって太くなります。そのため放っておくと途中から曲がってしまったり、折れてしまうことがあります。こうした問題を防ぐためにも、支柱が必要です。支柱を立てる時期は、新芽のバルブが生長し完成するころ。夏から秋にかけてです。また、支柱をビニタイでとめるときは、少しゆったりめに締めるのがコツです。

① バルブの重さを支えられる位置に支柱を立てる。新芽が伸びるのを邪魔しない位置を選ぼう

作業前 バルブや葉の重みで、全体的に傾いてしまっている。このままでは折れる危険性もある

② バルブの上の方で、ビニタイを使って支柱と固定する

③ ビニタイは、バルブが太ることも予測しゆったりと8の字に締める

完成 支柱を立ててバルブを固定したことで、株全体の姿もよくなった

パフィオペディラム

「ビーナスのスリッパ」が名前の由来のパフィオペディラム。スリッパのような形をした、袋状のリップが特徴です。近年では亜族の交配が進み、比較的一律の条件で栽培できる品種も登場。ますます注目を集めています。

Paphiopedilum

90〜95	品種カタログ
96	栽培早見表
97	原産地と花の特徴
98	よい株の条件
98	置き場所
99	花茎切り
100	水やり
101	肥料やり
101	病害虫
102〜103	鉢増しの方法
104〜107	株分けの方法
108	支柱立て

ビローサム'マグナス ラピス'
Paph villossum 'Magnus Lapis' 原

花期：冬〜春　　温度 湿度 日照　原産地
花径：7〜8cm　　低　高　弱
株高：15〜20cm
特徴：葉は大きく細く、花は15cmほどの花茎に1輪着花します。この種がベースとなり大輪の整形花が作られており、人気の原種です。

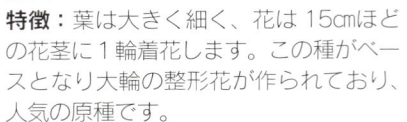

インド　標高：1500m

クリレート トゥリー'レッド ヘッド' x ハマナ アン
Paph (Claret Tree 'Red Head' x Hamana Anne)

花期：冬　　　　温度 湿度 日照
花径：13〜15cm　並　高　弱
株高：15〜20cm
特徴：赤花大型大輪花の最新花です。花の大きさ色のよさ、そして花の展開のよさと3拍子揃った珍しい最新銘花と言えるでしょう。

リーミアナム'アベ'
Paph liemianum 'Abe' Hcc-AJOS 原

花期：春〜夏　　温度 湿度 日照　原産地
花径：5〜6cm　　並　高　弱
株高：10〜20cm
特徴：インドネシア原産の原種で、5〜6cmの花を付けます。葉はやや大型で、花は1輪ずつ付け、次々に咲いていきます。主に遅い春咲きです。

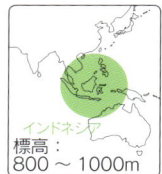

インドネシア　標高：800〜1000m

オルキラ'チルトン'
Paph. Orchila 'Chilton'

花期：冬　　　　温度 湿度 日照
花径：13〜15cm　並　高　弱
株高：20〜25cm
特徴：赤色の花では代表的な銘花です。30年以上前より人気があり多くの人が憧れていた銘品のひとつです。かつては、軽乗用車1台の価値がありました。

温度：高 適温20〜30℃、並 適温13〜25℃、低 適温8〜20℃　湿度：高 多湿を好む、並 やや多湿を好む、低 やや乾燥を好む　日照：強 日光を好む、並 やや日光を好む、弱 弱光を好む

パフィオペディラム *Paphiopedilum*

ブース サンド レディ
Paph Booth Sand Lady

花期：春～夏　花径：20～30cm　株高：30～40cm
温度　湿度　日照
高　高　並

特徴：片親が60cm以上ペタルが垂れ下がるサンデリアナムを親にしており、多くの銘花が存在する品種です。花は3～5輪ほど付きます。

ロルフェイ
Paph Rolfei

花期：春～夏
花径：15～18cm
株高：20～30cm
温度　湿度　日照
高　並　並

特徴：原種のベラチュラムとロスチャルディアナムの交配で、花弁に黒褐色の模様が入ります。花茎は15～20cm伸び2～3輪着花します。

アイアンサ ステージ
Paph Iantha Stage

花期：春～夏
花径：18～20cm
株高：30～40cm
温度　湿度　日照
高　高　並

特徴：小型の原種サクハクリとロスチャルディアナムの交配の多花性種です。大型のサクハクリに似た花型で2～3輪着花します。

デルロージー
Paph Dellrosii

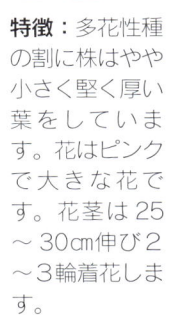

花期：春～夏　花径：15～18cm　株高：20～30cm
温度　湿度　日照
高　高　並

特徴：多花性種の割に株はやや小さく堅く厚い葉をしています。花はピンクで大きな花です。花茎は25～30cm伸び2～3輪着花します。

原：原種

ベレイス
Paph Berenice

花期：春〜夏　　温度　湿度　日照
花径：15〜16cm　　高　高　並
株高：30〜40cm

特徴：多花性原種同士を使った交配で、最近は見る機会が減った種です。花茎は長く伸び3〜5輪ほど着花する豪華な花です。

ベラチュラム 'M'
Paph bellatulum 'M' 　　　　　原

花期：春〜夏　　温度　湿度　日照　原産地
花径：7〜8cm　　並　並　並　　タイ
株高：10〜15cm　　　　　　　　　標高：1500m

特徴：原種の中でも最も人気のあるもので、最近は交配が進み8cmほどの整形な花が多く出てきました。植え込みに軽石を使うとよいです。

ロズリー ピッツ
Paph Rossly Pitts

花期：春〜夏　　温度　湿度　日照
花径：15〜18cm　　高　並　並
株高：20〜30cm

特徴：株は小型で厚い葉をしています。花茎は10〜15cm伸び、花を付けます。黒褐色の脈が花弁全体に入る大きな花です。

ミクランサム
Paph.micranthum 　　　　　原

花期：春　花径：7〜8cm　株高：10〜15cm
温度　湿度　日照
低　並　強

原産地：中国　標高：1500m

特徴：美しいピンクの原種はこの種しかなく人気度が非常に高い中国原産の種です。一交配親としても非常に重要です。

温度：高 適温20〜30℃、並 適温13〜25℃、低 適温8〜20℃　　湿度：高 多湿を好む、並 やや多湿を好む、低 やや乾燥を好む　　日照：強 日光を好む、並 やや日光を好む、弱 弱光を好む

パフィオペディラム / Paphiopedilum

インシグネ
Paph.insigne 原

花期：冬　花径：7～8cm　株高：15～20cm
温度　湿度　日照
低　高　弱

原産地
インド
標高：1500m

特徴：インド北部原産の原種で、株は15cmほどで非常に小さく細い葉で、花のドーサルのスポットが魅力です。多くの交配に使われました。

ハマナ シー x ハマナ アイランド
Paph. (Hamana Sea x Hmana Island)

花期：冬
花径：13～15cm
株高：20～25cm
温度　湿度　日照
並　高　弱

特徴：冬咲きで、最新のグリーンの大輪花です。円に近い丸さを持ち、花も非常に大きいです。ドーサルの上が白く抜けたバランスもよいです。

ステファニー ピタ x ハマナシー
Paph(Stefani Pitta x Hamana Sea)

花期：冬
花径：13～15cm
株高：20～25cm
温度　湿度　日照
並　高　弱

特徴：株はやや細めで大きく、花はグリーンをベースにした13～15cmの花径を持つ大きな花です。ペタルに入る褐色のラインも魅力です。

ドール ゴルディ
Paph.Dollgoldi

花期：春～夏
花径：18～20cm
株高：25～30cm
温度　湿度　日照
高　並　弱

特徴：中国原産のアルメニアカムとロスチャルディアナムを交配してできた銘花です。花は18～20cmと大きく2～3輪着花します。春～夏咲きです。

原：原種

スピセリアナム
Paph.spicerianum 原

花期：冬～春	温度	湿度	日照	原産地
花径：6～7cm	低	高	弱	インド
株高：15～20cm				標高：1500m

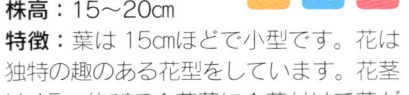

特徴：葉は15cmほどで小型です。花は独特の趣のある花型をしています。花茎は15cm伸びて1花茎に1花付けて花が咲きます。主に冬咲きです。

リューコキラム
Paph.leucochilum 原

花期：春～夏	温度	湿度	日照	原産地
花径：7～8cm	並	高	並	タイ
株高：10～15cm				標高：300～500m

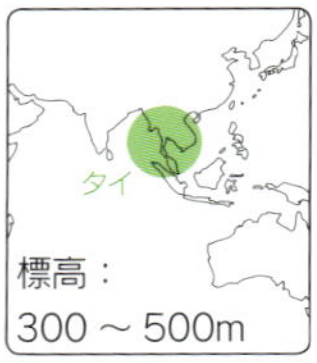

特徴：株は10～15cmほどで小さく堅く細い葉に、花は7～8cmと大きく感じます。厚弁で非常に丸いことからよく交配にも使われます。

ワーディ
Paph.wardii 原

花期：春～夏	温度	湿度	日照	原産地
花径：6～7cm	低	高	弱	中国
株高：15～20cm				標高：1500m

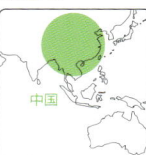

特徴：紫雲兜蘭（しうんかぶとらん）と呼ばれていた品種で花弁にやや青味がかったスポットが入ります。株は独特の斑が入り興味深いものです。リップの脈も奇妙です。

リューコキラム 'ゴールデンカプリコーン'
Paph.luecochilum `Golden Capricorn'-3 原

花期：春～夏	温度	湿度	日照	原産地
花径：8cm	並	並	並	タイ
株高：10～15cm				標高：300～500m

特徴：この個体は花弁が非常に黒い斑点で覆われており、貴重な色彩をしています。花は普通種と変わらない大きさをもった個体です。

温度：高 適温20～30℃、並 適温13～25℃、低 適温8～20℃　　湿度：高 多湿を好む、並 やや多湿を好む、低 やや乾燥を好む　　日照：強 日光を好む、並 やや日光を好む、弱 弱光を好む

パフィオペディラム
Paphiopedilum

ツヤ イケダ 'オーイソ'
Paph-Tsuya Ikeda 'Ohiso'

花期：春　　　温度　湿度　日照
花径：7～8cm　　低　　高　　弱
株高：20～25cm

特徴：はるか50年前に日本人によって作られた品種です。世界初の白花交配種として有名です。株は小型で丈夫な品種で、12月に咲きます。

ホワイト ナイト 'サー ワートン'
Paph.White Knight 'Sir Wharton'

花期：冬～春　　温度　湿度　日照
花径：10～12cm　並　　高　　並
株高：20～25cm

特徴：白花の整形花として最初に発表された品種で人気があります。株は比較的小さく花が大きく感じる銘花です。主に春に咲きます。

ジョイス ハセガワ
Paph Joyce Hasagawa

花期：春～夏　　温度　湿度　日照
花径：15～18cm　並　　並　　並
株高：20～25cm

特徴：株は20～25cmと小型で葉は厚く堅いです。花は大きく白色で花弁が広い花です。比較的寒さに強い品種で、冬場は乾燥を好みます。

デレナティ 'スプリング リバー'
Paph delenatii 'Spring River'

花期：春　　　温度　湿度　日照　原産地
花径：6～8cm　 低　　高　　弱　（ベトナム）
株高：10～15cm　　　　　　　　　標高：1500m

特徴：株は15cmほどで小さく堅い葉をしています。20～30cmほど花茎を伸ばして7～8cmの花を付け、色彩はピンクのリップが綺麗です。

原：原種

栽培早見表　パフィオペディラム　*Paphiopedilum*

	1	2	3	4	5	6	7	8	9	10	11	12
生育状態	1〜4月 開花期（種類による）				生育期 4〜9月							12月 開花期
置き場	1〜4月 室内（日当りのよい窓辺）				5〜10月 屋外（明るい日かげ）						11〜12月 室内（日当りのよい窓辺）	
日当たり（遮光率）	1〜2月 20%		3〜5月 50%			6〜8月 70%			9〜11月 50%			12月 20%
植替時期				4〜7月 鉢増し⇒102ページ 株分け⇒104ページ								
水やり	1〜4月 3〜4日に1回 乾いてから与える				5〜7月 毎日朝1回与える			8〜9月 夕方たっぷり与える		10〜12月 3〜4日に1回 乾いてから与える		
肥料				4〜6月 有機肥料を施す（液肥を併用してもよい）								
消毒					5〜10月 屋外に出したら定期的に夕方の涼しい時間に散布							

置き場所：一花性／冬場は室内に置き春（5月）より秋（10月）までは屋外に置きます。風通しのよいやや暗い場所がよいので日の直接当たらない場所に置きます。
温度：一花性／冬は10℃以上を保つようにします。また年間通してやや暗めでも花を咲かすには問題ありません。
水やり：一花性／夏はほぼ毎日たっぷり与えます。秋からは乾く前に与えます。
肥料：4〜6月。液肥は2000倍液を水代わりに施す。
消毒：春先から秋口戸外へ置くため病気や害虫が外部より来る恐れがあり。1ヵ月に1回ほど殺虫剤及び殺菌剤を散布する。また秋口室内に取り入れる前に充分な消毒をしてから入れる。

植込材料：
プラスチック鉢 
水ゴケ

原産地：中国南部から東南アジアを中心に、インド、タイ、ベトナム、マレーシアからフィリピン、ニューギニアまでの比較的湿度の高い場所に分布している。

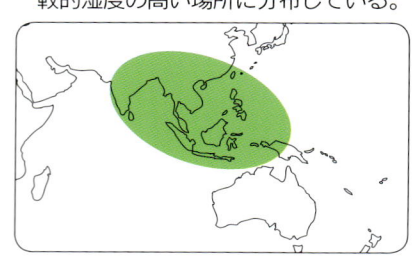

別名は「ビーナスのスリッパ」

原産地と花の特徴

「ビーナスのスリッパ」がその名の由来のパフィオペディラム。リップ（唇弁）が袋状になっていて、横から見るとスリッパの形に似ていることから、イギリスでは「貴婦人のスリッパ」とも呼ばれています。

パフィオペディラムの原産地は中国南部から東南アジア、インドシナ半島をはじめ、フィリピン、インドネシア、ニューギニアなどの比較的湿度の多い場所に、半着生もしくは、地生状態で自生しています。

これらは族によって、それぞれ同じような環境で自生しているため、栽培方法も似かよっています。

このようにパフィオペディラムは族によって、温度条件や日照、保水状態が異なりますので、購入の際には品種名を確認するとよいでしょう。ただし近年では、これらの亜族を交配させて、比較的一律の条件で栽培できる品種も登場しています。

大きく分けると、1本の花茎に多くの花を咲かせる「多花性種」、1本の花茎に1つの花を咲かせる「一花性種」、タイやマレーシアに多く分布する葉が厚く一花茎一花の「ブラキペタラム」の3つに分類されます。このほかにも、雲南省からベトナム北部に自生する小型で葉の厚い種や、葉が小さく小型で細身の種、葉に斑点がありやわらかい種など、合計6亜族があります。

にかけての地域です。タイ、ベトナム、マレーシアなどのインドシナ半島をはじめ、フィリピン、インドネシア、ニューギニアなどの

中国南部、東南アジアを中心に、比較的湿度の多い地域に分布

パフィオペディラムの仲間

● 基本種
　パフィオペディラム（Paphiopedilum）

● パフィオペディラムの亜族
　ポリアンサ（Polyantha）
　パービセパラム（Parvisepalum）
　ブラキペタラム（Brachypetalum）
　コクロペタラム（Cochlopetalum）
　シグマトペタラム（Sigmatopetalum）

ドーサルセパル
ペタル（花弁）
リップ（唇弁）
コラム（ずい柱）

1本の花茎に美しい1つの花を咲かせる「一花性種」
ステム（花茎）
葉（リーフ）

よい株の条件

葉が多くツヤのある株を

葉にツヤがあり、枚数が多い株を選びます。また、パフィオペディラムは一般店では購入が難しくなくても2ヵ月以上は楽しめます。開花後はプラスチック鉢に植え替えて適切な管理をすれば、翌年も楽しめるでしょう。

名を知ることも重要ですが、花を観賞する意味では品種名が分からなくても2ヵ月以上は楽しめます。開花後はプラスチック鉢に植え替えて適切な管理をすれば、翌年も楽しめるでしょう。

よい
- 葉の枚数が多く、株に元気がある
- 葉にツヤとハリがあり、みずみずしい

よい株は葉の枚数が多く、ツヤがある。株が全体的に元気なものを選ぶ

悪い
- 葉が黄色く変色している。不自然な模様がある
- 下葉が垂れ下がっている

悪い株は葉の枚数が少なくツヤがない。葉に黄色や黒のシミがあるものは避ける

置き場所

夏→屋外、冬→室内

冬は室内で10℃以上を保つ

多花性種は冬場は室内のよく日が当たる場所に置き、15℃以上を保ちます。5～10月は屋外で栽培します。一花性種は、冬場は室内に置き10℃以上を保ち栽培します。5～10月は屋外に置きます。

ブラキペタラムと多花性種は室内のよく日が当たる場所で10～15℃を保つ。一花種はやや暗めの場所でも問題はない

風通しのよいやや暗い場所が適しています。ブラキペタラムも冬場は室内で、10℃以上を保ち栽培します。5～10月までは屋外に置きます。年間を通してよく日が当たる場所が適しています。

春～初秋
風通しのよい、やや暗い場所で管理する

一花性種は、5～10月は屋外で栽培。風通しがよく、直接日の当たらないやや暗い場所が適している

冬～春
日当たりのよい場所に置き、管理する

花茎切り

パフィオペディラム *Paphiopedilum*

花弁が薄くなってきたら花茎切りを行おう

2〜7月初頭

多花性種とブラキペタラムは、2月頃から7月初頭までが開花期です。一花性種は1〜5月が開花期となります。それぞれの種で、2〜3ヵ月以上咲き続けるものもあります。

花が終わるまで観賞していても問題はありませんが、株のエネルギーを新芽の生長にまわせるよう、花茎切りを行います。花茎切りの目安は、花弁が薄くなり筋張ってきたときです。花茎のつけ根に近い部分にハサミを入れて、切り落とします。

1 花茎の根元に近いところにハサミを入れて、花茎を切り落とす

作業前 — 花弁がしおれているため、花茎切りを行う。このまま放っておくと、栄養が花茎に取られてしまう

2 花茎切りが終わった状態。花茎切りを行うことで、新芽の生長に栄養をまわすことができる

よい花を咲かせるポイント

多花性種

- 最低温度を15℃以上にして栽培します。
- 冬に充分な日を当てると、花付きがよくなります。開花期は春先から夏にかけてです。
- 夏から秋にかけて特に生長が盛んになります。遅い春と秋に肥料を充分に施し、灌水も充分に行います。

一花性種

- 多くの種が地生ランのため、水分を好みます。鉢が乾く前に灌水し、年間を通して薄めの肥料（液肥）を施します。
- 置き場所は最低10℃以上で、やや暗いところを好みます。直射日光に当たると葉やけを起こすことが多いです。

水やり

夏→毎日
冬→3〜4日に1回

夏場は毎日、たっぷりと灌水

多花性種は、夏から秋にかけて特に生長が盛んになります。夏は毎日、朝夕にたっぷりと水を与えます。晩秋から冬は、植え込み材が乾くのを確認してから水を与えます。冬に水を与えすぎると、軟腐病にかかりやすくなるので注意しましょう。一花性種のほとんどの種は、特に水分を好みます。年間を通して鉢が乾く前に灌水し、特に夏は、毎日朝夕にたっぷりと与えます。

ブラキペタラムの種は、水ゴケよりも石植えを好みます。やや大きめの鉢に石植えにして、鉢の中に空気が入りやすくすると、病気や根腐れを防ぐことができます。

夏は毎日、朝夕にたっぷりと水を与えます。いっぽう、冬場は乾燥気味に管理し、風通しのよい場所に置くことがポイントです。

水やりのサイン

水やり必要
水ゴケを手で触って乾いていたら水やりが必要

まだ必要ない
水ゴケを触ってみて、湿っている。鉢を持ち上げると重たい

プラ鉢は見た目の色で水やり時期を判断することができない。そのため水ゴケを触って湿っているか、鉢を持ち上げてみて軽くないか確認する

水やりの方法

晩秋〜春
乾くのを確認してから、少量の水を与える。一花性種は、乾く前に多めの水を与える

夏〜初秋
鉢の上からあふれるくらい、たっぷりと水を与える。夏場は毎日、朝夕灌水する

パフィオペディラム *Paphiopedilum*

肥料やり　4〜7月初頭

品種によって施す量が異なる

多花性種は、夏から秋にかけて生長が盛んになります。遅い春と秋に充分な肥料を施します。

一花性種は水分を特に好むため、年間を通して薄めの液肥（2000倍）を水がわりに施してもよいでしょう。

ブラキペタラムは4〜7月初頭にかけて、月に1度、液肥、固形の有機肥料を施します。液肥を併用してもよいでしょう。

肥料やりの方法

4〜7月初頭にかけては、月に1度、固形の有機肥料を施す。肥料は株からできるだけ離した、鉢の縁に置く

病害虫　5〜10月

5〜10月は月に一度消毒を

5〜10月にかけて屋外で栽培するため、カイガラムシやマイマイなどの害虫や病気が外部より入る恐れがあります。この時期には、1ヵ月に1度ほど殺虫剤や殺菌剤を与えます。また、秋口に室内に取り入れる前には、充分な消毒をしてから入れるとよいでしょう。

多花性種は、冬場に水を与えすぎると軟腐病にかかりやすくなります。ブラキペタラムは石植えにすると病気や根腐れが防げます。

発生しやすい病害虫

カイガラムシ
白や黒の楕円形でワラジムシのような形をしている。見つけたら楊枝など先の尖ったもので取り除く

マイマイ
夜になると這い出してきて、新芽やつぼみを食べてしまう害虫。見つけたら捕殺するか専用の殺虫剤をまく

鉢増しの方法

4～7月初旬

新芽が伸び始めた時期に行う

パフィオペディラムは品種によって、花の終わる時期が異なります。株をよく観察して、花が終わり新芽が伸び始めたら鉢増し（ひと回り大きな鉢に植え直す作業）を行います。

時期としては、4月から真夏の前頃までが適しています。植え込み材は、多花性種は水ゴケまたは軽石植え、一花性種は水ゴケ、ブラキペタラムは軽石植えが向いています。また、多花性種や一花性種は水分を好むため、水ゴケは少し柔らかめにし、プラスチック鉢に植えるとよいでしょう。鉢増しは2年に1回を目安に行います。

道具

（右上から）支柱、ハサミ、ビニタイ、ラベル、竹べら、ニッパ、ピンセット、針金。写真のほかに新しい水ゴケも用意しておく

①

竹べらを植え込み材と鉢の間に入れ1周し、竹べらで持ち上げる

竹べらを水ゴケと鉢の間に入れて、ぐるっと1周させる。その後、竹べらで水ゴケごと持ち上げる

作業前

葉がたくさん伸び鉢の中が込み合っている。株分けをしてもよいが、大株に育てたい場合は鉢増しをする

1～2回り大きい鉢にする

ポイント

- ●品種によって花が終わる時期が異なる。
- ●品種によって適した植え込み材を選ぶ。
- ●水分を好むものはプラ鉢に。

パフィオペディラム **Paphiopedilum**

ポイント 3

水ゴケを周りに均等に巻く

根の痛みがなく水ゴケもきれいなため、上から新しい水ゴケを均等に巻いていく

2

株の根元をしっかりと持ち、持ち上げて鉢から取り出す。傷んだ根がないか確認する

4

水分が好きな種のため、鉢底に隙間ができるように巻く必要はない

ポイント 5

パフィオペディラムは水を好むため、水ゴケは固く詰めすぎず、少し柔らか目にする

多花性種と一花性種は水分を好む種類が多い。鉢のまわりを指で押してウォータースペースを作る

植え替える鉢は、1〜2回り大きな鉢を選ぶ。鉢が大きすぎると根が腐る原因になるので注意

完成

103

株分けの方法

鉢内にバルブが込み合ったら株分けを

4〜7月

株分けには、鉢増しと同じく生長期がもっとも適しています。品種によって花が終わり、新芽が伸び始める時期は異なりますので、タイミングを見極めて株分けを行いましょう。一般的には、4月から真夏の前頃までが株分けに適しています。

パフィオペディラムの株分けは、1つの株をあまり小さくしないことがポイントです。大株になるまでは鉢増しを行い、葉数が多くなってから株分けを行うようにしましょう。葉の枚数が、最低でも1株に5枚となるように株分けを行います。

道具

（右上から）支柱、ハサミ、ビニタイ、ラベル、竹べら、ニッパ、ピンセット、針金。写真のほかに新しい水ゴケも用意しておく

①

竹べらを植え込み材と株の間に入れ1周し、竹べらで持ち上げる

鉢が大きな場合は、長めの竹べらを用意する。株は少しずつ丁寧に持ち上げよう

作業前

葉の枚数が充分に増え、鉢の中が込み合っている。株の中央から新芽が伸び始めている

ポイント

- 品種によって花が終わる時期が異なる。
- 株を小さく分けすぎないように注意。
- 作業は真夏前までに。

パフィオペディラム *Paphiopedilum*

ポイント ③

根が鉢の縁に沿って回っているため、底から中のバークをかき出す

根を傷つけないように、底側から植え込み材をピンセットで取り出す

②

株を取り出したら傷んだ根がないか確認する。この株は根に傷んだ部分がある

⑤

植え込み材を取り除いた状態。根がすべて現れるように、植え込み材はきれいに取り除く

1つの株をあまり小さく分けないように注意する。1株の葉数が5枚以上を目安にする

④

黒く変色した根や手で触ってみてスカスカする根は落としていく

植え込み材をピンセットでほぐしていくと、黒く傷んだ根もいっしょに落ちてしまう

ポイント ⑥

1つの根元から葉が分かれて生えているものが1株になるように、株を分ける

株を2つに分けた状態。このあと、傷んだ根を切って株を整理していく

分けたい部分の株元をしっかりと両手でもち、ゆっくり開きながら株を分ける

ポイント ❼

手で株元を持ち両側に開けば、簡単に分けられる

❽

ポイント ❾

黒く傷んだ根などを、さらに切り落とす

黒く傷んだ根や手で触ってみてスカスカしている根は、ハサミで切り落とす

最初に、株の下に水ゴケを足す。根で包み込むようにするとよい

⓫

水ゴケで根を包み込むように、株元に入れる

❿ さらに、細いひげのような根も切り落とし、根の整理が終わった状態

106

パフィオペディラム *Paphiopedilum*

⑫ 株の下に水ゴケを入れたら、根全体を水ゴケで包み込むように巻いていく

根の周りを1周、水ゴケで巻く

パフィオペディラムは水を好むので、水ゴケは固く巻きすぎない。軽く握った状態で鉢と同じ大きさになるように巻く

多花性種や一花性種は、水分を好むものが多いため、水ゴケは少しやわらかめに巻く

ポイント

⑬

親指で鉢の周囲を押し込み、ウォータースペースを作る

⑭

株の大きさに合わせて鉢を選ぶ。水分を好む種類のため、プラスチック鉢に植え込む

完成

2つに株分けが終了した状態。植え付け後、約1週間は水を与えなくてもよい

支柱立て

12〜4月

花茎が伸びてきたら、支柱を立てよう

パフィオペディラムは、花茎が長く伸びて一輪や多数の花を咲かせます。そのため、花の重みで花茎が曲がってしまったり、折れてしまうことがあります。こうした問題を防ぐためにも、花茎が伸びて完成したころを見計らって支柱を立てるようにしましょう。

支柱をビニタイでとめるときは、花茎を傷めることがないよう、少しゆったりめに締めるのがコツです。

❶ 花茎の重さを支えられる位置に支柱を立てる。新芽が伸びるのを邪魔しない位置を選ぶ

❷ 花茎の長さに合わせて、ニッパで支柱をカットする

❸ 花茎の上の方で、ビニタイを使って支柱と固定する

完成 ビニタイは花茎を傷めないよう、少しゆったりと、8の字に締めて完成

バンダ

美しい青色の大輪花が特徴のバンダ。このほかにも赤色や濃紫、黄色、白色など多彩な花があり、愛好家を飽きさせません。近年では、バンダとアスコセントラムを交配させたアスコセンダが登場。丈夫な中輪花の種も続々と増え続けています。

Vanda

110〜113	品種カタログ
114	栽培早見表
115	原産地と花の特徴
116	よい株の条件
117	置き場所
118	水やり
118	肥料やり
119	花茎切り
120〜122	バスケット植え
122	病害虫

メリリー
Vanda merrillii

花期：春～夏
花径：5～6cm
株高：30～50cm

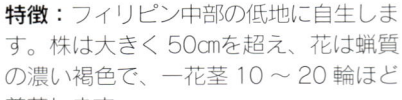

温度：並　湿度：高　日照：強

原産地：フィリピン
標高：300～500m

特徴：フィリピン中部の低地に自生します。株は大きく50cmを超え、花は蝋質の濃い褐色で、一花茎10～20輪ほど着花します。

テレス
V.teres

花期：春～夏
花径：8～10cm
株高：40～60cm

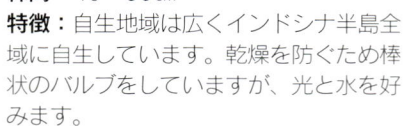

温度：並　湿度：高　日照：強

原産地：アジア
標高：300～500m

特徴：自生地域は広くインドシナ半島全域に自生しています。乾燥を防ぐため棒状のバルブをしていますが、光と水を好みます。

パットデライト'ピンク タンゴ'
V.Pat Delight 'Pink Tango'

花期：春～夏
花径：12～15cm
株高：30～50cm

温度：高　湿度：高　日照：強

特徴：花は非常に大きく色彩は濃いピンク色で、花径は15cmを超えて咲くこともあります。バンダ系は冬でも毎日2～3日灌水をするとよいでしょう。

バンコック ピンク'ヒロタ'
V.Bangkok Pink 'Hirota'

花期：春～夏　花径：12～15cm　株高：30～50cm

温度：高　湿度：高　日照：強

特徴：ピンクの花弁はバンダセルレヤのピンク個体を親に使って、花弁の網目がはっきりとしています。ほかにない優しいピンク花です。

温度：[高]適温20～30℃、[並]適温13～25℃、[低]適温8～20℃　湿度：[高]多湿を好む、[並]やや多湿を好む、[低]やや乾燥を好む　日照：[強]日光を好む、[並]やや日光を好む、[弱]弱光を好む

バンダ
Vanda

チェンマイ ブルー
V.Chengmai Blue

花期：春～夏
花径：10～12㎝
株高：30～50㎝
温度 湿度 日照
並 高 強

特徴：株は比較的小さく、花は原種味のある綺麗な網目を持っています。花立ちがよく、年2回咲き、花もちも非常によいです。

セルレア
V.coerulea 原

花期：春～夏　花径：8～10㎝　株高：30～40㎝
温度 湿度 日照
低 高 強

原産地
タイ
ミャンマー
標高：1500m

特徴：古くから人気のある原種で近年開発されている大輪のブルーの花の色彩が元になっている種です。寒さにも強く丈夫です。

トウキョー ブルー
V. Tokyo Blue

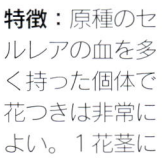

花期：春～夏　花径：10～12㎝　株高：30～50㎝
温度 湿度 日照
並 高 強

特徴：原種のセルレアの血を多く持った個体で花つきは非常によい。1花茎に着花する輪数が多く、見事な花の付き方をします。

ロバート デライト 'ガーネット ビューティ'
V. Robert Delight 'Garnet Beauty'

花期：春～夏　花径：12～15㎝　株高：30～50㎝
温度 湿度 日照
高 高 強

特徴：褐色が強めの赤色で花が15㎝を超える極大輪花です。花つきはよく年に2回咲きます。花弁が厚く花もちは特によいです。

原：原種

チョチャロッド 'YE フォックス'
Ryn.Chorchalood 'YE Fox'

花期：冬～春
花径：2～3cm
株高：30～40cm

温度 湿度 日照
並 高 強

特徴：リンコスティリス ギガンティアとレツサの交配で、両方をよい所を持つ品種です。花色は濃く10～50輪着花します。冬～春咲きです。

ロバート デライト 'トウ ブルー'
V.Robert's Delight 'Tou Blue'

花期：春～夏
花径：12～13cm
株高：30～50cm

温度 湿度 日照
並 高 強

特徴：比較的コンパクトな株で花付きも非常によいです。花は大きくしっかり展開します。濃い紫青色でブルーの網目も綺麗に入ります。

クラシフォリア
Aerides crassifolia

花期：夏～秋
花径：2～3cm
株高：25～30cm

温度 湿度 日照
並 並 強

原産地
タイ
標高：1000m

特徴：葉は25～30cmと小型で細く堅い葉をしています。花は濃いピンク色で花茎が25～30cm伸びて10～20輪着花します。

ルゾニカ
V.luzonica

花期：夏～秋　花径：6～7cm　株高：30～40cm

温度 湿度 日照
高 高 強

原産地
フィリピン
標高：500m

特徴：フィリピン北部原産の希少な原種です。なかなか見ることのできない種です。花は白地にピンクが入り10～20輪着花します。

オドラタ
Aerides odorata 原

花期：夏～秋
花径：2～2.5cm
株高：25～30cm
温度：並　湿度：並　日照：強
原産地：フィリピン　標高：500m

特徴：比較的葉は柔らかく垂れます。花は1花茎20～30cm伸びて下垂し、20～30輪ほど着花します。よい香りがあり人気があります。

レツサ'イチカワ'
Rhyn.retusa'Ichikawa' 原

花期：夏　花径：2～3cm　株高：30～40cm
温度：並　湿度：高　日照：強
原産地：アジア　標高：1000m

特徴：インドシナからニューギニアまで広範囲に自生する原種です。花は数十輪着花して、下垂して咲きます。水を特に好みます。

ソムスリ ゴールド
Ascda . Somsri Gold

花期：春～夏　花径：8～12cm　株高：30～50cm
温度：並　湿度：高　日照：強

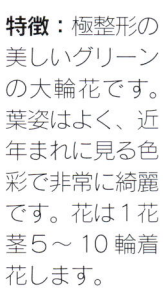

特徴：極整形の美しいグリーンの大輪花です。葉姿はよく、近年まれに見る色彩で非常に綺麗です。花は1花茎5～10輪着花します。

シトリナ
Ren citrine 原

花期：夏
花径：5～7cm
株高：30～50cm
温度：高　湿度：高　日照：強
原産地：インドネシア　標高：800m

特徴：葉は比較的小さく堅く、花は30～40cm花茎を伸ばして枝打ちをすることもあります。花色はクリームから黄色で美しいです。

バンダ *Vanda*

原：原種

栽培早見表　バンダ　*Vanda*

	1	2	3	4	5	6	7	8	9	10	11	12
生育状態	生育期　年間通して生長します　1〜12月											
	開花期　花期は年間通して2回。原種は主に春から夏にかけて多く咲きます。交配種は年2回。（関東及び関西地方標準）											
置き場	1〜4月　室内（日当りのよい窓辺）				5〜10月　屋外（明るい日かげ）						11〜12月　室内（日当りのよい窓辺）	
日当たり（遮光率）	1〜2月　0%		3〜5月　40%			6〜8月　60%			9〜11月　40%			12月　0%
植替時期				4〜7月　バスケット植え⇒120ページ								
水やり	1〜4月　1日に日中1回				5〜9月　夏は毎日朝夕たっぷり与える					10〜12月　1日に日中1回		
肥料				4〜10月　液肥を施す（1000倍液）								
消毒				4〜11月　月に一度定期的な消毒が必要。8月は避ける。								

置き場所：春は最低気温15℃になる頃から屋外に出し、秋は最低温度10℃になる頃に室内に取り込みます。

温度：品種によりますが、平均的に10℃を目安にするとよいでしょう。

水やり：5〜9月は毎日朝夕たっぷりと、秋〜冬場でも1日に日中1回水やりをします。

肥料：春先と秋口に有機質肥料（油かす、骨粉）を施し、液肥（1000倍液）を充分に施します。

消毒：春先から秋口に屋外に置くため、病気や害虫が発生しやすい。1ヵ月に1回ほど、殺虫剤および殺菌剤を散布します。また、秋、室内に取り入れる前に充分な消毒をしておきます。

植込材料：バスケット

原産地：インドからミャンマー、タイ、マレーシア、フィリピン、インドネシアまでの、海抜0〜1000mの地域に分布。多くは樹木に着生し高温多湿を好む。

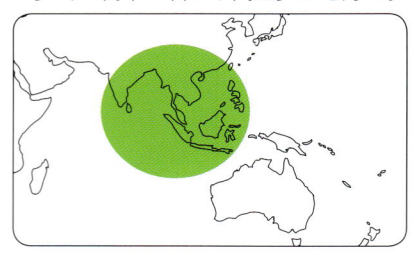

原産地と花の特徴

葉を左右に付けて長い根を持つ

バンダの仲間

- ●基本種
  バンダ (Vanda)
- ●バンダの仲間
  サンデリアナム (V.sanderina)
  バンダ セルレア (V.coerulea)
  バンダ ロスシャルディアナム
  (V.Rothschildianum)
  アスコセンダ (Ascda)

多くの種は樹木に着生し、高温多湿の気候を好む

バンダは着生ランの代表種とも言える。長い根を伸ばし、水分を吸収する

洋ランのなかでは珍しく、美しい青色の花を咲かせるバンダ。このほかにも赤や濃紫、黄、白などさまざまな花色の品種があり愛好家を飽きさせません。

バンダは東南アジアを中心に約40種の原種があり、海抜0～1000ｍの広範囲に分布しています。多くの原種は樹木に着生した、バンダ・セルレアを交配させムとバンダ・セルレアを交配させ1931年にこのサンデリアナ上で冬越しが可能です。ダ・セルレアは、最低温度5℃以ンマーに自生する大輪系のバン必要があります。いっぽう、ミャ種で、最低温度を15℃以上に保つフィリピンのミンダナオ島固有のデリアナムがあります。この種は種には、大きな花を咲かせるサンものまでさまざまです。高温性の花は3～5輪から20輪以上付ける

高温多湿を好みます。花茎が3～4㎝の原種が多く、ムが登場しました。この種は比較的な寒さに強く、大きな花を咲かせます。これ以降、バンダは花が大型化され、花茎も10㎝を超える品種が続々と登場しています。なかでも花に網目が入る種は、寒さに強いバンダ・セルレアの血を強く受け継ぎとても丈夫です

近年では、バンダとアスコセントラムを交配させたアスコセンダが登場。これにより黄や白などの色の花を咲かせる、丈夫な中輪花の品種も登場しています。

よい株の条件

バンダは根が命。太く弾力がある株を選ぶ

バンダの命は根です。バンダは高温多湿の地域に自生して、空気中の湿気を根で吸収しています。

そのため、根が多いほど立派な花を咲かせます。購入時には、根が太く弾力がある株を選びましょう。逆に根が細く表面が硬くなっている株は、避けた方がよいでしょう。下葉が黄色く変色したり、が腐っている場合は、その部分を切り取って元気な根だけを残すようにします。

また、バンダは一般的に化粧鉢に入れられて販売されています。花が済んだら鉢から抜き出し、根を露出した状態にしましょう。根落ちてしまう原因は、ほとんどが根の傷みです。

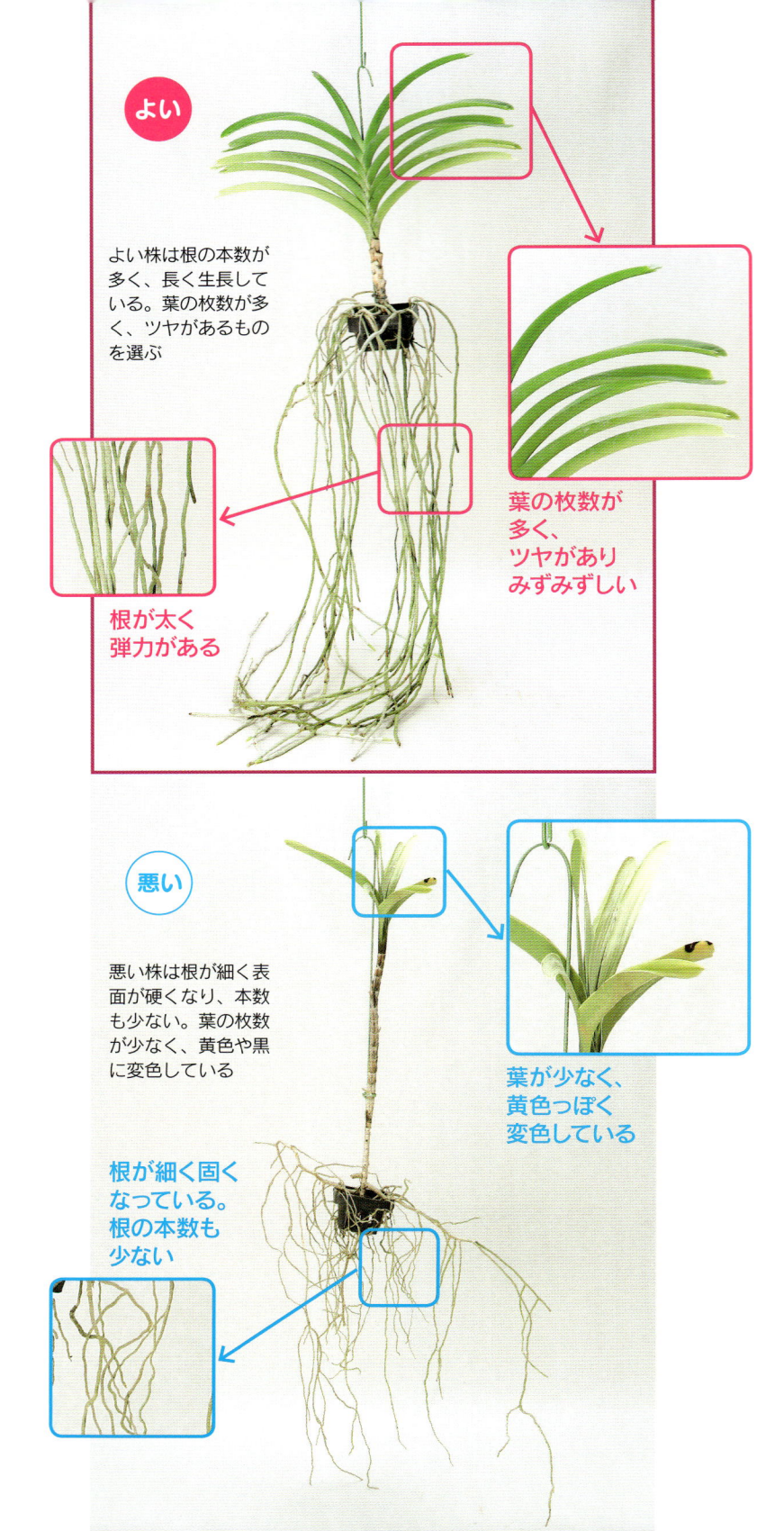

よい

よい株は根の本数が多く、長く生長している。葉の枚数が多く、ツヤがあるものを選ぶ

根が太く弾力がある

葉の枚数が多く、ツヤがありみずみずしい

悪い

悪い株は根が細く表面が硬くなり、本数も少ない。葉の枚数が少なく、黄色や黒に変色している

根が細く固くなっている。根の本数も少ない

葉が少なく、黄色っぽく変色している

116

置き場所

夏→屋外、冬→室内

春から秋は屋外に吊るして管理しよう

5月から10月中旬にかけては、屋外の風通しのよい場所が適しています。直射日光は避け、明るい日かげとなる木の下や軒下に吊るして管理するとよいでしょう。一方、10月中旬から4月にかけては、室内で5℃以上を保って管理します。日中はなるべく直射日光に当てます。室内では、暖房の風が当たらないよう注意しましょう。

バンダ *Vanda*

春〜初秋
風通しがよい明るい日かげに吊るして管理

屋外の風通しがよい、明るい日かげで栽培する。やや高めの場所に吊るして管理するとよい

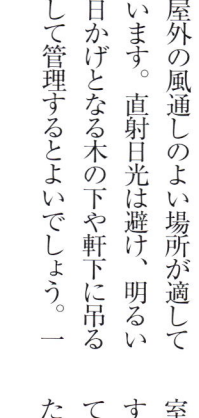

晩秋〜春
室内で最低温度5℃以上を保って管理する

日中は、なるべく日当たりのよい場所に置く。暖房の風が当たって、根が乾燥しないよう注意

よい花を咲かせるポイント

- バンダは代表的な着生ランの一種です。水を非常に好むため、1日に2回以上たっぷりと水を与えます。
- 春から夏にかけては、液肥を2000倍に薄めて水代わりに施します。
- 花芽が出る頃、乾燥するとスリップスが出やすくなります。まめに消毒をします。
- 年2回ほど花を咲かせます。葉と葉の間に花芽が出たら、冬でも暖かな日中に灌水します。
- 根が多ければ多いほど健康な花を咲かせます。
- 下葉が黄色くなったり落ちてしまう原因は、ほとんどが根の傷みや水不足です。水やりを多めにして注意深く観察するようにしましょう。

水やり

春から秋は1日2回以上行う

5〜9月 → 1日2回
10〜4月 → 1日1回

バンダは根がむき出しになっているため、すぐに根が乾いてしまいます。特に春から秋にかけては、戸外の風通しがよい場所で管理するため、1日に2回以上、たっぷりと水やりを行いましょう。最低でも朝と夕方に灌水します。バンダは年間を通して生長します。そのため冬場でも、1日1回、日中に水やりを行いましょう。水分が不足すると、葉が黄色くなり枯れることがよくあります。これは株が身を守るために行うことで、特別な病気ではありません。灌水量を増やすと落葉は止まります。

水やりのサイン

右側が水やりが必要な株で、左側がまだ水やりの必要がない株

まだ必要ない
根が湿っていて、色が濃くなっている

水やり必要
根が乾燥して、白っぽくなっている

バンダは根がむき出しになっているため、根の状態を見て水やりが必要かを判断する。根が乾燥し白っぽくなったら水やりを行う

水やりの方法（通年）

むき出しになった根に、たっぷりと水がかかるように行う。根の下から水がしたたるくらいがよい

肥料やり

春から秋に液肥を数回施す

4〜10月

春から秋にかけては、液肥をまめに施します。月に2〜3回、1000倍に薄めた液肥を施すと、葉の色やツヤが特によくなり、生長もよくなります。また、常時2000倍に薄めた液肥を、水がわりに施してもよいでしょう。液肥の施し方は水やりと同じように、むき出しになった根にたっぷりとかかるように行いましょう。

花茎切り

春～夏

下の方の花が枯れてきたら花茎切りを

バンダは、年に2回ほど花を咲かせます。特に交配種は年に2度咲くことが多く、原種は春から夏にかけて多く咲きます。

花芽は葉と葉の間から伸びてきます。バンダは花茎にいくつもの花をつける種が多く、花が全部枯れるまで残しておくと、株の負担になってしまいます。そこで下の方の花が数輪枯れてきたら、花茎切りを行いましょう。なるべく花茎の付け根から切り取ります。

開花期の手入れでは、支柱立ても重要です。花茎が30cmほど伸びつぼみが膨らんできた時期に、バスケットを吊るしている支柱に、花茎を固定するとよいでしょう。

バンダ *Vanda*

花茎切りのサイン

花茎の下の方の花が数輪枯れてきたら、花茎切りのサイン。スリップスやナメクジなどの害虫によって、花が傷むこともある

花弁が枯れ始めている

花茎切りの方法

①（ポイント） 葉と葉の間から伸びている花茎の、なるべく付け根にハサミを入れて切り落とす

② 花茎切りが終わった状態。花茎切りを行うことで、株の生長に栄養をまわすことができる

バスケット植え

バンダはバスケット植えが基本

5〜9月

バンダは、根が空気に触れることを好むため、バスケット植えが一般的です。通常、株がまだ小さい頃からバスケットに植え付けます。そのため、植え替えを行う必要はありません。ただし根が傷んだ場合に、バスケットから外して根の整理を行うことがあります。根を切り終わったら、バスケットにもう一度、植え付けを行いましょう。バスケットは、根を広げた株のつけ根にビニタイなどで固定します。また、バンダは吊るして管理するため、支柱を取り付ける必要があります。

道具

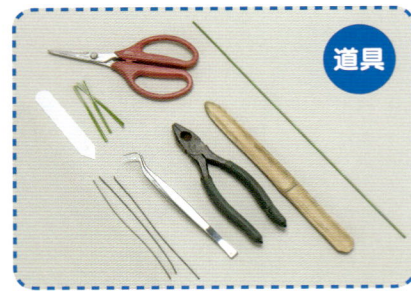

（右上から）支柱、ハサミ、ビニタイ、ラベル、竹べら、ニッパ、ピンセット、針金。写真のほかにバスケットも用意しておく

ポイント
- 株が小さい頃からバスケット植えにする。
- 傷んだ根を整理する際に、バスケットを外すことがある。

① 根を広げて株元にバスケットをはめ込む

根を広げて、株の下にバスケットをはめ込む。根はバスケットの中を通さなくてもよい

作業前

バスケットから外して、痛んだ根を切り終えた状態。もう一度、バスケットに植え付ける

❸

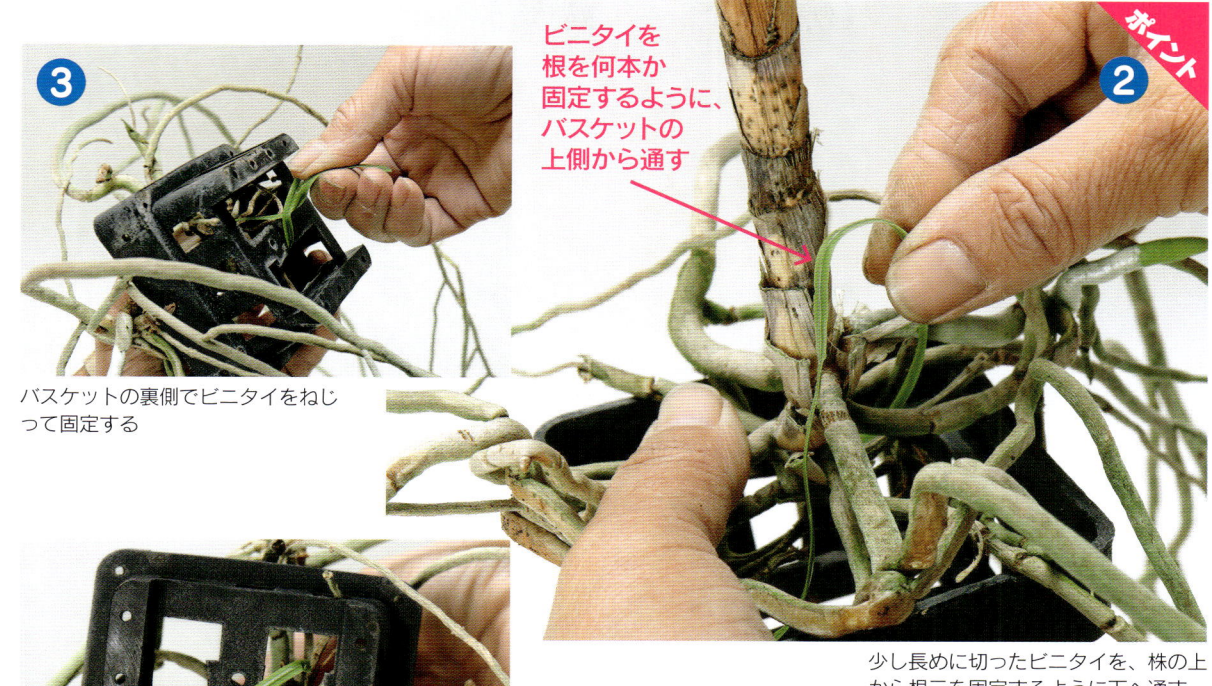

バスケットの裏側でビニタイをねじって固定する

❷ ポイント

ビニタイを根を何本か固定するように、バスケットの上側から通す

少し長めに切ったビニタイを、株の上から根元を固定するように下へ通す

❹

ビニタイを裏側で固定した様子。きつく締めすぎて、根を傷めないよう注意する

❺ ポイント

支柱の先をコの字型に曲げ、バスケットの下側に引っ掛かるようにする

支柱を写真の形に曲げ、バスケットの底に引っ掛ける

完成

支柱の上側もコの字型に曲げ、吊るして管理できるようにする

ポイント ⑥

葉と葉の間にビニタイを通し、支柱を固定する

株の中心に支柱を添え、ビニタイで株と支柱を固定する。株を傷めないよう、ゆったりめに締める

病害虫 5～10月

5～10月はまめに消毒を

5～10月にかけて屋外で栽培するため、スリップスやナメクジなどの害虫や病気が外部より入る恐れがあります。この時期には1ヵ月に1度（8月は避ける）、夕方に消毒が必要です。

また、花芽が出る頃に乾燥させるとスリップスが出やすくなり、花芽をかじってしまいます。花芽が出たらなるべく室内で管理するとよいでしょう。スリップスは20～26℃の温度を好み、花弁をかじることもあります。30℃を超えるといなくなる性質があります。

発生しやすい病害虫

スリップスやナメクジ
スリップスは体調1～2mmの虫で、ナメクジと同じく花や花芽を食べる。薬剤を散布して駆除する

炭素病
斑点病の一種。病気の斑点部分が黒くなり広がっていく。病気の部分を切り取り除去する

アングレカム

Angraecum

花から伸びる、距（きょ）と呼ばれる細い管が特徴的なアングレカム。小型種から株高が1mを超える大型種まで、さまざまな種を楽しむことができます。花も1輪から20輪以上咲くものまでさまざま。花もちがよい点も魅力です。

124～125	品種カタログ
126	栽培早見表
127	原産地と花の特徴
128	水やり
128	肥料やり
129	花茎切り
130	鉢増しの方法
131～132	コルクづけの方法

ガーミヤナム
Angcm germiyanum 原

花期：春　　　　　温度　湿度　日照　原産地
花径：5〜7㎝　　　並　並　並
株高：30〜40㎝
特徴：小ぶりな株立ちで上に伸びていき、1輪大きな花を付けます。花もちはよいです。灌水はやや多目がよいでしょう。

標高：500m　マダガスカル

エクレリアナム
Angcm eichlerianum 原

花期：春　花径：5〜7㎝　株高：20〜30㎝
温度　湿度　日照
並　並　並

原産地
マダガスカル
標高：500m

特徴：マダガスカルの種の多くは花に長い距が付いているものがあり、アングレカムはその代表です。株は小型で上に伸びていきます。

エランサス グランディオス'シンイン'
Aeranthes grandiose 'Hsinying' 原

花期：春　花径：4〜5㎝　株高：30〜40㎝
温度　湿度　日照
並　並　並

原産地
マダガスカル
標高：500m

特徴：葉は大きく30㎝ほどになります。やや厚みのある葉で表面に光沢があります。花は株元から3〜10本出て1花茎1花ずつ咲きます。

エランギス ビロバ
Aer. biloba 原

花期：春　　　　　温度　湿度　日照　原産地
花径：3〜4㎝　　　並　並　並
株高：15〜20㎝
特徴：株は10〜15㎝で小さいですが花茎は20〜30㎝伸び、下垂して純白の花を10〜30輪ほど付けます。非常に見ごたえのある種です。

マダガスカル
標高：500m

温度：高 適温20〜30℃、並 適温13〜25℃、低 適温8〜20℃　湿度：高 多湿を好む、並 やや多湿を好む、低 やや乾燥を好む　日照：強 日光を好む、並 やや日光を好む、弱 弱光を好む

アングレカム
Angraecum

マグダレナエ
Angcm.magdalenae

花期：春
花径：15〜18cm
株高：40〜50cm
温度　湿度　日照　原産地
並　並　並
特徴：葉は厚くやや太めで、1花茎に3〜5輪ほど着花します。花は非常に厚く蝋質花弁です。純白の綺麗な花です。最近は希少です。

マダガスカル
標高：500m

レオニス
Angcm.leonis

花期：春
花径：5〜7cm
株高：20〜30cm
温度　湿度　日照　原産地
並　並　並
特徴：葉は肉厚で柔らかく20〜30cmと大きいです。花も純白で大きく、比較的乾燥に強いので冬場は灌水を控えめにしたほうがよいでしょう。

マダガスカル
標高：500m

ディスティカム
Angcum.distichum

花期：春
花径：2.5〜3cm
株高：20〜40cm
温度　湿度　日照　原産地
並　並　並
特徴：葉は蝋質で非常に小さく、花は1バルブに5〜10輪つきます。小さめの鉢で日当たりのよい場所で栽培します。乾燥には強いです。

マダガスカル
標高：500m

ロンギスコット'レア'
Angcm.Longiscot'Lea'

花期：春　花径：5〜7cm　株高：30〜40cm
温度　湿度　日照
並　並　並
原産地

マダガスカル
標高：500m

特徴：株はやや細めで上に伸びます。花は3〜4輪ほど上下逆さに咲きます。距は15〜20cmと非常に長く、人気種です。

原：原種

栽培早見表　アングレカム　Angraecum

	1	2	3	4	5	6	7	8	9	10	11	12
生育状態	1～6月 生育と充実期						※開花期は種類によって異なる		9～12月 生育と充実期			
置き場	1～4月 室内				5～10月 屋外（蘭は常に風通しがよい場所を好むため年間通して気をつけます）						11～12月 室内	
日当たり（遮光率）	1～2月 0%		3～5月 30%			6～8月 50～60%			9～11月 30%			12月 0%
植替時期				4～7月 鉢増し⇒130ページ コルクづけ⇒131ページ								
水やり	1～2月 1週間に1回 乾いてから与える		3～4月 3～4日に1回 乾いてから与える		5～6月 毎日1回 朝与える		7～9月 朝と夕方たっぷり与える			10月 3～4日に1回	11～12月 1週間に1回 乾いてから与える	
肥料				4～7月 月に一回有機肥料を施す（液肥を併用してもよい）					9～10月 液肥を施す			
消毒					5～10月 屋外に出したら定期的に夕方の涼しい時間に散布							

置き場所：春（5月頃）最低温度が15℃になる頃より屋外に出し、また秋（11月頃）早朝の最低温度10℃を目安に室内に入れる。

温度：品種によりますが平均的に最低温度10℃を目安に考えるとよい結果が出ます。

水やり：春～秋まではたっぷり水を与える。冬場は週に2回位乾き具合をみて行う。霧吹きは毎日でもよい。

肥料：春先にたっぷり施す。有機肥料（油粕や骨粉）や液肥（1000倍液）を充分に施すとよい。

消毒：春先から秋口に屋外へ置くため、病害虫が外部より来る恐れあり。1ヵ月に1回ほど殺虫剤・殺菌剤を散布する。また秋口、充分な消毒をしてから室内に取り入れる。

植込材料：素焼き鉢、水ゴケ

原産地：アフリカ及び近隣する国。マダガスカルに特に多く自生する原種。マダガスカルの中でも、湿度の高い東側に多く見られる。

原産地と花の特徴

大小さまざまな種が楽しめる

アングレカムはアフリカ及び、マダガスカルに特に多く自生する原種です。株の葉幅が5cmの小型種から株高が1mを超える大型種まで、さまざまな種類があります。花茎は5〜20cmを超えるものまであり、種によっては1輪から20輪以上も咲かせます。花もちは特によく、1〜2ヵ月咲く種もあります。アングレカムの花にはロンギスコット'レア'のような距と呼ばれる独特の細い管があり、5〜20cmまで伸びる種もあります。

大型種の多くは、落ち葉の堆積した岩場などの地面に生息する地生ランです。小型種は湿気のある地域の古木などに着生しています。小型種ほど湿度を好むため高湿度で栽培します。小型種は、コルクやヘゴ植えに適しています。

アングレカムの仲間

●基本種
アングレカム（Angraecumu）

●アングレカムの仲間
エクレリアナム（Angcm eichlerianum）
ガーミヤナム（Angcm germiyanum）
レオニス（Angcm.leonis）
ロンギスコット 'レア'
（Angcm.Longiscot 'Lea'）
マグダレナエ（Angcm.magdalenae）
ディスティカム（Angcum.distichum）
エランギス　ビロバ（Aer. biloba）
エランサス　グランディオス 'シンイン'
（Aeranthes grandiose 'Hsinying'）

マダガスカルの民家近くの森に自生するアングレカム セスキペダレ。写真提供／田口洋蘭園

大型種

ドーサルセパル
コラム（ずい柱）
ペタル（花弁）
ロアーセパル
リップ（唇弁）

大型のものは株高1mを超える種もある。株のいたるところから根を伸ばすのが特徴

ステム（花茎）
葉
根

小型種

小型種は、コルクやヘゴ植えに適している。アングレカムは多数の花を咲かせる種もある

水やり

7～9月→毎朝夕
11～2月→4～5日に1回

シリンジを毎日すると効果的

葉にシリンジ（霧吹きで水をかけること。葉水とも言う）をすることは、アングレカム栽培の重要なポイントです。灌水の合間の日など、毎日でも霧吹きをすると効果的です。

春は2～3日に1回、初夏から9月頃までは、毎日たっぷりと水を与えます。生育が終わる秋からは4～5日に1回、株の乾き具合を見て水を与えます。やや乾燥気味に管理するとよいでしょう。

水やりのサイン

水やり必要
素焼鉢が乾燥して、色が薄くなっている

まだ必要ない
素焼鉢の色が湿って濃くなっている

特に冬場は、株の乾き具合を見て水やりを行う。左側のように、鉢が乾き色が明るくなってきたら水やりが必要。4～5日を目安に行う

水やりの方法

秋～冬

春～夏

特に夏場はたっぷりと水やりを行う。秋から冬は、株の乾き具合を見て4～5日に1回水やりを行う。

肥料やり

4～7月、9～10月

春先に充分な肥料を施す

株が生長に入る春先には、たっぷりと肥料を与えます。有機肥料（油粕や骨粉）をはじめ、1000倍に薄めた液肥を充分に施すとよいでしょう。

また、真夏の8月をのぞく5～10月には、月に1度、有機肥料を施します。液肥を併用してもよいでしょう。冬場は肥料を与えずに管理します。

鉢の大きさに合わせて、固形の有機肥料を施す。肥料は、株からできるだけ離して置くようにする

アングレカム / *Angraecum*

花茎切り

11〜4月

花の時期が終わったら花茎切りを行う

アングレカムは花もちがよく、1〜2ヵ月咲く種まであります。花茎は株によって異なりますが、5〜20cm伸びる種類も存在します。1つの花茎に20輪以上、花を咲かせる種類もあります。

花の時期が終わったら、株の生長に栄養をまわすために花茎切りを行いましょう。花茎をそのまま残しておくと、株の負担になってしまいます。花茎は、なるべく付け根から切り取ります。

①
なるべく付け根にハサミを入れて花茎を切り落とす

②
花茎切りが終わった状態。花茎切りを行うことで、株の生長に栄養をまわすことができる

よい花を咲かせるポイント

- 多くの種は、冬から春にかけて花を咲かせます。秋からはやや乾燥気味にし、日の当たる場所で管理します。10月からは遮光率30%にすると花付きがよくなります。
- 風通しがよい場所を好むため、年間を通じて気を付けて管理しましょう。

病害虫

写真は斑点病。低温多湿時に出やすい。また、梅雨時期は害虫がつきやすいので、定期的に消毒を行う

鉢増しの方法

根が伸びたら鉢増しを行う

4～7月

アングレカムのなかでも大型の株は、鉢植えが適しています。通常、水ゴケを使って鉢植えを行います。アングレカムの根は株元ではなく茎の途中など、いたるところから生えてきます。根が長く伸び株の本数が増え鉢の中が込み合ってきたら、鉢増し（ひと回り大きな鉢に植え直す作業）を行いましょう。新しい水ゴケは、伸びた根を包み込むように巻くのがポイントです。

① 竹べらで持ち上げる際には、根を傷つけないようにゆっくりと作業する

竹べらを水ゴケと鉢の間に入れ1周し、竹べらで持ち上げる

② 株元を手でしっかりと持ち、鉢から抜き出す。傷んだ部分がないか確認する

③ ポイント 伸びた根を巻き込むように、水ゴケを巻く

株の途中などから伸びた根を、新しい水ゴケで巻き込む

④ 全体に一周、均等に水ゴケを巻く

全体に1回り、水ゴケを均等に巻いていく

⑤ 鉢の周りの水ゴケを指で押し、ウォータースペースを作る

完成 鉢増しが完成した様子。数日は水を与えなくてもよい

作業前
鉢増しは、1～2回り大きな鉢に行う。鉢が大きいと水分がたまりすぎ、根を腐らせる原因に

1～2回り大きい鉢にする

根が多く伸びてきている。株の本数が増え、窮屈になっている

130

コルクづけの方法

4〜7月

小型種はコルクづけで自生に近い状態に

アングレカム *Angraecum*

小型種はもともと、古木などのいたるところから根が伸び着生し自生しています。そのため、コルクやヘゴ板に植え込む方法が向いています。鉢植えにすると、根に触れる酸素が欠乏して、根が腐ってしまうことがあります。いっぽう、大型種でも株の途中などのいたるところから根が伸びる種は、鉢に植えたままコルクづけにすることができます。そうすることで、株の途中から伸びた根がコルクの隙間に自然と入り込み、自生に近い状態で栽培することができます。

① 竹べらを水ゴケと鉢の間に入れ1周し、竹べらで持ち上げる

竹べらで持ち上げる際には、根を傷つけないようにゆっくりと作業する

② 株元をしっかりと持ち、鉢から抜き出す。傷んだ部分がないか確認する

ポイント
- 小型種はコルクやヘゴ板づけに向いている。
- 根が株の途中から伸びる種は、鉢植えとコルクづけを併用できる。

③ コルクは株の背後に立てるようにつけるため、片側の水ゴケを取る

コルクをつけるため、片側の水ゴケだけ手でほぐし取り除く

株の高さよりも、少し長めのコルクを用意する

作業前

❻ 根の部分も、ビニタイを使ってコルクと固定する

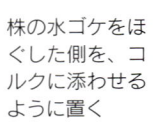

❹

株の水ゴケをほぐした側を、コルクに添わせるように置く

❺ ポイント

水ゴケを取り除いた側に、コルクをビニタイで取り付ける

水ゴケをコルクと反対側に多めに巻く

❼ コルク側にも薄く水ゴケを巻く。このときに伸びた根を巻き込むようにする

完成

数ヵ月かけてコルクに株の途中から伸びた根が入り込み、自生に近い状態となる

❽ コルクごと鉢に植え込む。鉢の周りを指で押してウォータースペースを作る

シンビジウム

Cymbidium

「冬のラン」として高い人気を誇るシンビジウム。豪華な花は花もちもよく、贈答花としても人気です。寒さに強く栽培も比較的容易なことから、シンビジウムから洋ラン栽培にはまる人も多くいるほど。近年では小型種も続々と登場しています。

134〜135	品種カタログ
136	栽培早見表
137	原産地と花の特徴
138	よい株の条件
138	置き場所
139	花茎切り
139	病害虫
140	水やり
140	肥料やり
141〜142	鉢増しの方法
143〜145	株分けの方法
146	新芽かき

グレート カティ'ハナコ'
Cym.Great Katy'Hanako'

花期：冬～春　花径：6～7cm　株高：50～60cm

温度　湿度　日照
低　並　強

特徴：株はやや大きく、バルブも大きいです。花はピンクで半展開し、花茎は40cm以上伸びます。リップの赤が濃く、目立つ花です。

オオイソ
Cym.Oiso

花期：冬～春
花径：4～5cm
株高：50～60cm

温度　湿度　日照
低　並　強

特徴：日本で60年以上前に神奈川県の大磯で開発された品種で、小型の性質をもちます。キンリョウヘンを親にしたものです。

エクセル'アモール'
Cym.Exerl'Amoor'

花期：冬～春
花径：6～7cm
株高：50～60cm

温度　湿度　日照
低　並　強

特徴：小型で花付きが非常によく、白の花弁が美しいです。リップの先端に赤が入り、中型で展開も非常によいです。

ラズベリー'ミレ フェイル'
Cym.Raspberry'Mille-Feuille'

花期：冬～春　花径：6～7cm　株高：50～60cm
温度　湿度　日照
低　並　強

特徴：ピンクの濃い色彩で大型に属します。花付きは非常によく初心者でも簡単に咲かすことができます。夏場の灌水が重要です。

温度：強 適温20～30℃　並 適温13～25℃　低 適温8～20℃　湿度：強 多湿を好む　並 やや多湿を好む　低 やや乾燥を好む　日照：強 日光を好む　並 やや日光を好む　弱 弱光を好む

シンビジウム *Cymbidium*

ミニ ホワイト
Cym.Mini-White

花期：冬〜春
花径：4〜5㎝
株高：50〜60㎝

温度 湿度 日照
低 並 強

特徴：株は小型で場所を取りません。花は純白で花立ちが非常によい品種です。5号鉢で5〜8本ほど花を付けることができます。

ラッキー フラワー 'アンミツヒメ'
Cym.Lucky Flower 'Anmitsu Hime'

花期：冬〜春　花径：5〜6㎝　株高：50〜60㎝
温度 湿度 日照
低 並 強

特徴：かつて一世を風靡した人気の品種です。ネーミングもよく、花弁に入る覆輪が綺麗です。花付きもよく初心者むきです。

ピエッド ピーター
Cym. Pied Pipper

花期：冬〜春　花径：4〜5㎝　株高：50〜60㎝
温度 湿度 日照
低 並 強

特徴：原種味の非常に強い品種で、花は下垂して1花茎10〜30輪ほど着花します。花は暗褐色でリップは赤色になります。

マリー グリーン 'スプリング ウィンド'
Cym.MaryGreen 'SpringWind'

花期：冬〜春　花径：3〜4㎝　株高：50〜60㎝
温度 湿度 日照
低 並 強

特徴：近年人気の下垂性種です。オレンジの色彩もよく、花も長く伸びます。高さのある鉢に植えて栽培すると花を付けてから安心です。

原：原種

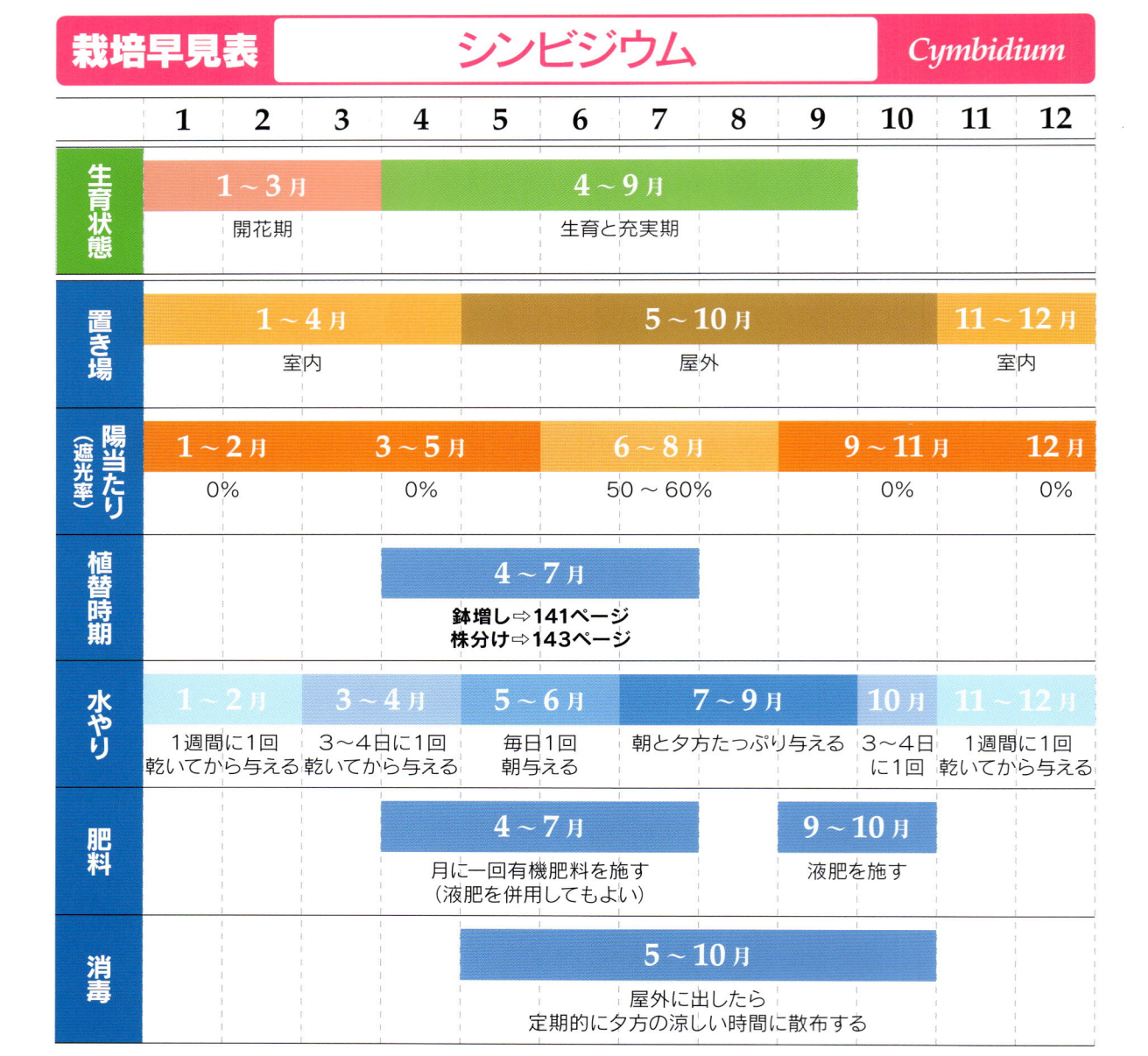

栽培早見表　シンビジウム　*Cymbidium*

	1	2	3	4	5	6	7	8	9	10	11	12
生育状態	1～3月 開花期			4～9月 生育と充実期								
置き場	1～4月 室内				5～10月 屋外						11～12月 室内	
陽当たり（遮光率）	1～2月 0%		3～5月 0%			6～8月 50～60%			9～11月 0%			12月 0%
植替時期				4～7月 鉢増し⇒141ページ 株分け⇒143ページ								
水やり	1～2月 1週間に1回 乾いてから与える		3～4月 3～4日に1回 乾いてから与える		5～6月 毎日1回 朝与える		7～9月 朝と夕方たっぷり与える			10月 3～4日に1回	11～12月 1週間に1回 乾いてから与える	
肥料				4～7月 月に一回有機肥料を施す （液肥を併用してもよい）					9～10月 液肥を施す			
消毒					5～10月 屋外に出したら 定期的に夕方の涼しい時間に散布する							

置き場所：春（5月頃）最低温度が15℃になる頃より屋外に出し、また秋（11月頃）早朝の最低温度10℃を目安に室内に入れる。

温度：品種によりますが平均的に最低温度7℃を目安に考えるとよい結果が出ます。

水やり：春～秋まではたっぷり水を与える。冬場は1週間に1回ほどで充分だが、開花期はやや多めにする。

肥料：春先にたっぷり施す。有機肥料（油粕や骨粉）や液肥（1000倍液）を充分に施すとよい。

消毒：春先から秋口に屋外へ置くため、病害虫が外部より来る恐れあり。1ヵ月に1回ほど殺虫剤・殺菌剤を散布する。また秋口、充分な消毒をしてから室内に取り入れる。

植込材料：
プラスチック鉢 
ミックスコンポスト

原産地：東南アジアを中心に、インドや中国、日本、オーストラリアまで広く分布。日本で古くから知られるシュンランなどもシンビジウムの仲間だ。

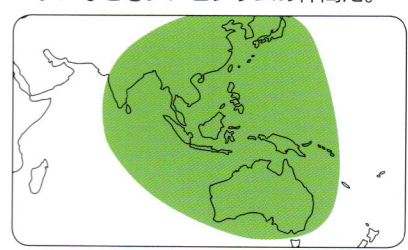

贈答花として人気の「冬のラン」

原産地と花の特徴

シンビジウムは東南アジアを中心に、インドから中国、日本、インドネシア、オーストラリアなど非常に広範囲に分布しています。日本で古くから知られるシュンランやカンランなどの東洋蘭も、このシンビジウムの仲間です。

一般的に洋ランとして知られるシンビジウムは、東南アジアの高地に生息する大輪種を改良したものです。大型で大輪の花を咲かせる品種をはじめ、大型品種と小型種を交配して作られた中型品種などが多く販売されています。

また、近年では低温に強い小型種や、花茎を下に垂らして花を咲かせる原種に近い品種も人気を集めています。人気の理由は、コンパクトなサイズのため置き場所をとらず、そのうえ豪華な花を咲かせるからです。現在、日本のシンビジウムは世界に向けて販売できるほど品質がよく、多様な品種があることから多くのユーザーを楽しませてくれます。特に寒さに強いシンビジウムは育てやすく、多くのユーザーから好まれています。花もちも2～3ヵ月と長く、開花期が冬にあたることから、お歳暮や開店祝いなどの贈答花としても高い人気があります。シンビジウムを贈り物でもらったことをきっかけに、洋ランの栽培にはまる人も多くいるほどです。

ほとんどの品種は夏の管理を適切に行えば、12月頃から咲き始め冬のランとして長く楽しむことができます。

シンビジウムの仲間

● 基本種
シンビジウム (Cymbidium)

● シンビジウムの近縁種
ローウィアナム (Cym.lowianum)
アトロパープレウム (Cym.atoropurpurea)
グレートカティ'グレートレディ' (Cym.Great katy 'Cuid lady')
ラッキーレインボウ'ラピンファニー' (Cym.Luky Rainbow 'Lapine Funny')

インド・シッキムの大木に着生するシンビジウム イリディオイデス。写真提供／田口洋蘭園

ドーサルセパル
ペタル（花弁）
コラム（ずい柱）
ロアーセパル
リップ（唇弁）

葉（リーフ）
バルブ
ステム（花茎）

花茎が下垂するタイプの品種。ひとつの花茎に小さな花を多く咲かせる

よい株の条件

葉やバルブにハリがある株を

購入するときは葉やバルブにハリとツヤがあり、葉の枚数が多い株を選びます。葉やバルブにシワがあるもの、同じ種類の株に比べて葉の色が薄く黒いシミなどがある株は、避けるようにしましょう。

また、葉が白くなっていたり、葉の裏を見て赤く汚れていたりする場合は、ダニ類が発生している可能性があります。購入時には、よく葉の裏側もチェックするようにしましょう。

よい

バルブにハリがありいきいきしている

葉にハリとツヤがある
よい株は葉の枚数が多く、ツヤがある。株が全体的に元気なものを選ぶ

悪い

バルブにハリがなく傷んでいる

葉に黒いシミなどがあり傷んでいる
悪い株は葉の枚数が少なくツヤがない。葉に黄色や黒のシミがあるものは避ける

置き場所

夏→屋外、冬→室内

秋に日に当てるのがポイント

春（5月頃）に最低温度が15度以上になったら屋外に出します。地面から30cm以上離れた棚の上や、木などに吊り下げて管理しましょう。夏を過ぎた頃より、よく日に当てます。株全体によく日が当たるように置きましょう。この時期の日照不足は、病気の原因になるため注意が必要です。

秋（11月頃）に早朝の最低温度が10℃くらいになったら室内に入れて管理します。

春～秋
屋外で棚の上や吊るして管理する

5月頃からは屋外の風通しのよい場所で管理する。夏過ぎからはよく日に当てる

冬～初春
室内の窓辺など暖かな場所で管理

11月頃からは室内で管理する。最低でも2～3時間は日に当てるようにする

138

シンビジウム *Cymbidium*

花茎切り　1〜3月

1ヵ月強花を楽しんだら行う

シンビジウムは、2ヵ月から長い種で3ヵ月も花を楽しむことができます。花が散るまで観賞しても問題はありませんが、早めに花茎切りを行うと、株が春に向けて新芽を生長させる準備に、栄養をまわすことができます。

花が咲き始め、1ヵ月強くらいが過ぎたら花茎切りを行いましょう。そうすることで、翌年も上手に花を咲かせることができます。花茎は、できる限りつけ根から切るようにします。切った花は花瓶に挿して楽しむこともできます。

①　花茎の根元にできるだけ近いところにハサミを入れ、花茎を切り落とす

②　花茎切りを行うことで、新芽の生長に栄養をまわすことができる

病害虫　5〜10月

梅雨時期は特にまめに消毒を

炭素病
斑点病の一種。病気の斑点部分が黒くなり広がっていく。病気の部分を切り取り除去する

腐敗病
細菌に感染し、斑点ができそれが拡大し葉や葉のつけ根が、腐って枯れてしまう

ハダニ、カイガラムシ
白い綿のようなものがついたらカイガラムシ、葉にシミができたらハダニの可能性が。薬剤散布で駆除する

よい花を咲かせるポイント

- 春から秋の水やりが重要。毎日、鉢から水があふれるくらい与えます。
- 地生ランが原種のため肥料を非常に好みます。5〜7月の3ヵ月間に肥料をたっぷり与えます。鉢の隙間がなくなるほど与えても問題ありません。
- 秋になると花芽が出てきます。花芽にならず葉芽が出てきたら、10月頃から新芽かきをします。これは花に充分な栄養を回すためです。
- 花芽が30cmくらいに伸びたら支柱を立てます。花の重みで花茎が折れやすいので注意しましょう。早く支柱を立てすぎても、花芽が折れてしまうことがあります。

水やり

5～9月→毎日
11～2月→1週間に1回

5～9月は、たっぷりと潅水

シンビジウムは5～9月の生長期に、適切に水やりを行うことが、花を上手に咲かせる重要なポイントです。5～6月は毎朝、たっぷりと水を与えます。7～9月は毎日、朝と夕方にたっぷりと水やりをするとよいでしょう。いっぽう、花が咲いている冬の間は比較的乾燥させて管理します。11～2月までは1週間に1度、10月と3～4月は3～4日に一度、鉢が乾いてから水を与えます。

水やりのサイン

まだ必要ない
植え込み材の石が湿っている。鉢を持ち上げたとき重たい

水やりが必要
植え込み材の石が白っぽく乾いている。鉢を持ち上げたとき軽い

まだ必要ない
バークが湿って黒ずんでいる。鉢を持ち上げたとき重たい

水やりが必要
バークが乾いて色が薄くなっている。鉢を持ち上げたとき軽い

水やりの方法

春～初秋 
鉢の底から流れ出るくらい、たっぷりと水を与える。夏場は毎日、朝夕灌水する

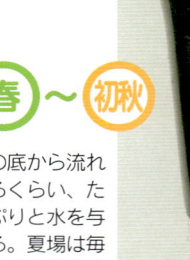

晩秋～冬 
乾くのを確認してから、少量の水を与える。花が咲く頃はやや多めに与える

肥料やり

5～7月

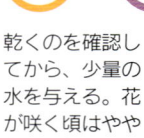

5～7月はたっぷりと施す

肥料不足のサイン

全体になんとなく元気がない。生長が遅い

葉にハリとツヤがない

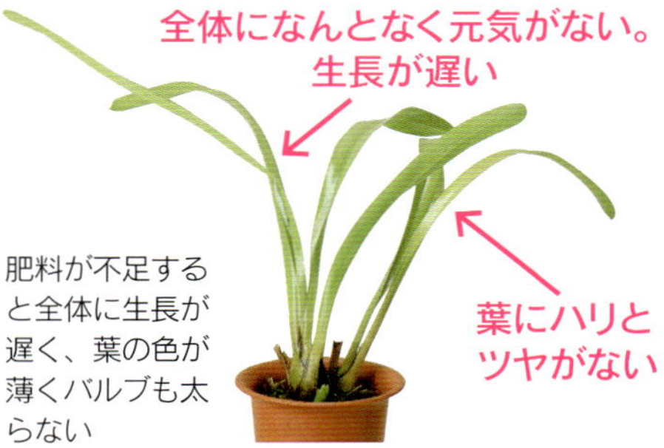

肥料が不足すると全体に生長が遅く、葉の色が薄くバルブも太らない

5～7月の3ヵ月間は肥料をたっぷりと施す。通常のランの5倍ほど施してもよい

鉢増しの方法

最低温度が15℃以上で行う

4〜7月

バルブの数が増え、鉢の中が込み合ってきたら鉢増し（ひと回り大きな鉢に植え直す作業）を行います。時期としては春遅くが最適です。それは最低温度が15℃以上になると、根が出やすくなるためです。

シンビジウムは生長が早いため、鉢増しするときは2回り以上大きな鉢に植えます。植え込み材は、シンビジウム用の軽石やバークを使うとよいでしょう。

また、シンビジウムは根が張ってくると株全体が持ち上がってくるため、通常よりやや深めに植え込むのもポイントです。

道具

（右上から）支柱、ハサミ、ビニタイ、ラベル、竹べら、ニッパ、ピンセット、針金。写真のほか新しい鉢、軽石やバークも用意しておく。

ポイント
- 2回り以上大きめの鉢を選ぶ。
- 軽石やバークで植え込む。
- やや深めに植え込むとよい。

作業前

2回り以上大きな鉢に植え替える

バルブの数が増え、鉢の中が窮屈になっている

① 株の根元をしっかりと持ち、鉢から取り出す。傷んだ根などがないか確認する

② 水はけがいいように、大粒の石を鉢の底に敷く

大粒の石を入れると、隙間が多くできるため根詰まりも防ぐことができる

ポイント ③ 新芽が出ている前側にスペースをあけて植える

新芽が鉢の真ん中に来るように株を置き、軽石を入れ植え込む

軽石は根が埋まり、バルブにかからない高さまで入れる。鉢の周囲にウォータースペースを作る

④ 石と石の隙間がなくなるように、竹べらなどで押し込む

完成 根が張ると株が持ち上がるため、やや深めに植え込む

142

株分けの方法

鉢内にバルブが込み合ったら株分けを

4～7月

株分けは、鉢増しと同じく春遅くが適しています。それは最低温度が15℃以上になると、根が出やすくなるためです。

株分けを行う際には栄養を新芽に回すため、古くなったバルブを3バルブ以上、取り除くようにします。株が抜けないときには、ハンマーなどで軽く叩くと抜けやすくなります。また、植え込み材は軽石やバークを使います。シンビジウムは根が張ると株が持ち上がるため、通常よりもやや深めに植え込みます。

道具

（右上から）支柱、ハサミ、ビニタイ、ラベル、竹べら、ニッパ、ピンセット、針金。写真のほかに新しい鉢、軽石やバークも用意しておく

ポイント
- 古いバルブを取り除く。
- 株が抜けないときはハンマーで叩くとよい。
- 軽石やバークで植え込む。

① 鉢の中で根が生長し、抜けにくいときはハンマーなどで叩くとよい

鉢全体に根が回って鉢が抜けにくいときは、ハンマーなどで数十回かるくたたくと取れやすくなる。

株を取り出したら傷んだ根がないか確認する。この株は根に傷んだ部分がある

②

作業前
バルブの数が増え、鉢の中が非常に込み合っている

シンビジウム / Cymbidium

5
根にハサミを入れながら、まずは株を大きく2つに分けていく

4
古い枯れたバルブの横に隙間があるのが分かる

3 ポイント
バルブの固まりと固まりの間にハサミを入れる

古いバルブを中心に株が分かれて伸びている。その隙間にハサミを入れる

8 ポイント
古く枯れたバルブを取り除くことで、新芽の生長に栄養をまわすことができる

古い枯れたバルブを手で取り除く。傷んだ根もハサミで切り落とす

6
ほぼ均等な大きさに、株を2つに分けた状態

7
さらに古い株を中心に、隙間がある部分で株を分ける

144

シンビジウム
Cymbidium

⑩ 水はけをよくするため、大粒の石を鉢の底に敷く
大粒の石を入れると、隙間が多くできるため根詰まりも防ぐことができる

⑨ 古い株や傷んだ根を取り除き、結局、5つの株に分けることができた

⑬ 石と石の隙間がなくなるように、竹べらなどで押し込む
鉢の周囲がくぼむようウォータースペースを作る

ポイント
⑫ 新芽が伸びている前側にスペースをあけて植える
新芽が鉢の真ん中にくるように株を置き、軽石を入れ植え込む

⑪ シンビジウムは生長が早いため、2回りほど大きな鉢を選ぶ

完成
それぞれ株の周囲に余裕ができ、新芽が生長するスペースが確保できた

根が張ると株が持ち上がるため、やや深めに植え込む

⑭ 石は根が隠れる高さまで入れる。バルブは上に出ているようにする

10月頃の葉芽は取り除こう

新芽かき
4〜6月、10月

新芽が出始める春には、1バルブに2つ以上葉芽がでてきたら芽かきをします。初心者は1バルブに1葉芽が育てやすいでしょう。また、10月頃、花芽が伸びてきますが、花芽にならず葉芽が出てくることがあります。この場合、花芽に栄養をまわすため、葉芽の新芽かきを行いましょう。葉芽は先が尖っていて、花芽は丸くなっているのが特徴。間違えて花芽を取らないよう注意しましょう。

花芽か葉芽か見分けるのが不安な場合は、少し生長してからだと見分けやすい

葉芽。
先が尖っているのが特徴

花芽。
先が小指のように丸くなっている

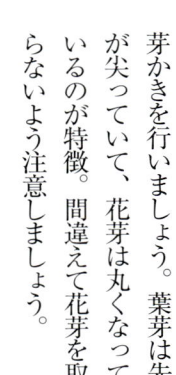

① 葉芽の根元の部分を、2本の指で、持つ

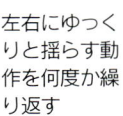

② 左右にゆっくりと揺らす動作を何度か繰り返す

③ すると、ポロっと簡単に葉芽が取れてしまう

④ 葉芽を取った状態。余分な葉芽を取り除くことで、花芽の生長を促すことができる

オンシジウム

比較的寒さに強く、日本でも多くの愛好家が好んで栽培するオンシジウム。黄色の大きなリップを持ち、ペタルには褐色の斑点があるのが特徴です。日本で栽培されている種は、この黄色の交配種が主流。可憐な黄色の花が高い人気を集めています。

Oncidium

148～151	品種カタログ
152	栽培早見表
153	原産地と花の特徴
154	よい株の条件
154	置き場所
155	花茎切り
156	水やり
156	肥料やり
157	鉢増しの方法
158～160	株分けの方法

レッド ミニ 'リトル チェリー'
Onc.Red Mini 'Little Cherry'

花期：春
花径：3〜4cm
株高：5〜10cm

温度 湿度 日照
並　並　強

特徴：葉は10cmほどと小さく剣のように先端が尖っています。独特の花色をしており、20〜30cmほど花茎を伸ばして咲きます。

ランセアナム
Onc.lanceanum 原

花期：夏　花径：5〜7cm　株高：20〜30cm
温度 湿度 日照
高　並　強

原産地　南米
標高：1500m

特徴：葉は大きく堅く、光を非常に好む品種です。花茎は30〜40cmほど上に伸び10数輪花を付けます。枝打ちする場合もあります。

キラウエア 'ハワイ'
Oncda.Kilauea 'Hawai'

花期：春
花径：3〜4cm
株高：25〜30cm

温度 湿度 日照
並　並　強

特徴：類似種のオドントシジュウムを親にした品種で比較的長い葉をもちます。花茎は30〜40cmほど伸び、香りの有る花を咲かせます。

パピルオ
Onc.papilio 原

花期：不定期
花径：8〜10cm
株高：15〜20cm

温度 湿度 日照
並　高　強

原産地　南米
標高：1500m

特徴：葉は堅く平らで長く大きく、バルブは小さく水を好む品種です。花茎は40cmほど伸び1花ずつ次から次へと花が咲きます。

温度：高 適温20〜30℃、並 適温13〜25℃、低 適温8〜20℃　湿度：高 多湿を好む、並 やや多湿を好む、低 やや乾燥を好む　日照：強 日光を好む、並 やや日光を好む、弱 弱光を好む

オンシジウム *Oncidium*

ケイロフォルム
Onc cheirophorum 原

花期：冬　花径：1.5〜2cm　株高：15〜20cm
温度　湿度　日照
低　並　強

原産地
南米
標高：1000m

特徴：非常に小型の原種で、中南米原産。花付きがよく1株で5〜10本の花茎を簡単に付けられます。場所もとらずに初心者向きです。

ルリダム
Onc luridum 原

花期：春　花径：2〜3cm　株高：20〜30cm
温度　湿度　日照
並　並　強

原産地
南米
標高：500m

特徴：花は比較的コンパクトで栽培しやすい。ただ非常に入手が困難であるため、見るチャンスはあまりありません。花は小さいです。

ステイシー
Onc stacyi 原

花期：春　花径：6〜8cm　株高：20〜30cm
温度　湿度　日照
並　並　強

原産地
南米
標高：800m

特徴：棒状の葉で40〜50cm伸びます。花は株元から出て下垂して大きな花を付けます。非常に光を好む種で水も好みます。

アロハ イワナガ
Onc Aloha Iwanaga

花期：不定期　花径：2〜3cm　株高：30〜35cm
温度　湿度　日照
低　並　強

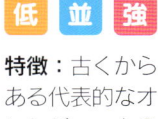

特徴：古くからある代表的なオンシジュームの交配種で、1花茎に20〜50輪の花を付けます。枝打ちして咲くことも特徴の一つです。

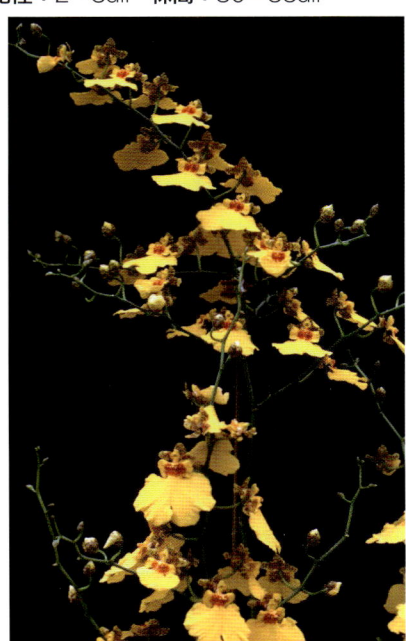

原：原種

クロエサス
Onc. croesus

花期：春
花径：2〜3cm
株高：15〜20cm

温度 湿度 日照 原産地
並 並 強

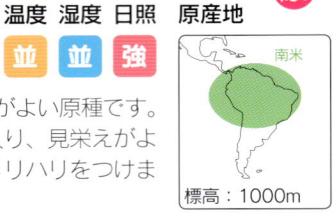

特徴：株は小さく花付きがよい原種です。花は黄色と褐色が濃く入り、見栄えがよいです。乾燥と灌水のメリハリをつけましょう。

標高：1000m

トゥルリフェラム
Onc.trulliferum

花期：春
花径：2〜3cm
株高：20〜30cm

温度 湿度 日照 原産地
並 並 強

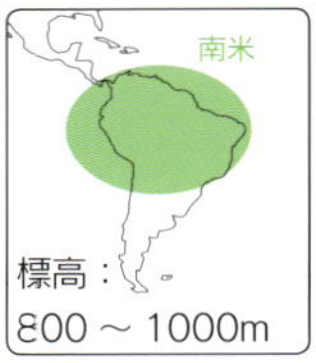

特徴：太いバルブをもち葉も長いです。花は30〜40cmほど花茎を伸ばして枝打ちし、50〜100輪着花します。冬場は乾燥を好みます。

標高：800〜1000m

スーパースター 'S.B'
Onc Super Star 'S.B'

花期：不定期　花径：3〜4cm　株高：30〜40cm
温度 湿度 日照
低 並 強

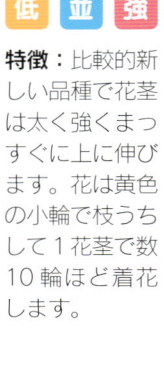

特徴：比較的新しい品種で花茎は太く強くまっすぐに上に伸びます。花は黄色の小輪で枝うちして1花茎で数10輪ほど着花します。

セボレタ
Onc.cebolleta

花期：春　花径：5〜6cm　株高：20〜30cm
温度 湿度 日照
高 並 強

原産地

標高：800m

特徴：棒状の葉をもつ品種のひとつで長く伸びます。花は30〜40cm花茎が下垂して20〜30輪ほど付けて咲きます。光を好みます。

温度：適温20〜30℃　並 適温13〜25℃　低 適温8〜20℃　湿度：高 多湿を好む　並 やや多湿を好む　低 やや乾燥を好む　日照：強 日光を好む　並 やや日光を好む　弱 弱光を好む

150

トゥインクル ホワイト
Onc.Twinkle White

花期：冬～春
花径：1.5～2cm
株高：15～20cm

温度 並　湿度 並　日照 強

特徴：交配親の片親にケイロフォルムがかかっている小型の品種で、花付きが非常によいです。花茎は20～30cm伸びて下垂します。

カリヒ
Onc.Kalihi

花期：不定期
花径：8～10cm
株高：10～15cm

温度 並　湿度 高　日照 強

特徴：交配の片親にパピリオがかかっており似た性質を持っています。花は黄でオレンジの斑が花全体に入ります。

カオリノイズミ
Onc.香りのいずみ

花期：春
花径：1.5～2cm
株高：15～20cm

温度 並　湿度 並　日照 強

特徴：抜群の花付きと丈夫さそしてよい香りが特徴。株はやや大きいがクリームっぽい白の垂れ下がるバランスは見事です。

ジョネシアナム
Onc.jonesianum

花期：夏
花径：4～5cm
株高：15～20cm

温度 並　湿度 並　日照 強

原産地：ブラジル
標高：500～1000m

特徴：やや高温性の原種で、花は大きいです。葉は堅く大きく、1花茎に5～10輪ほど着花します。やや高温性のため栽培には注意してください。

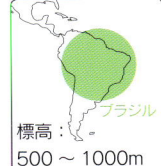

オンシジウム *Oncidium*

原：原種

栽培早見表　オンシジウム　*Oncidium*

	1	2	3	4	5	6	7	8	9	10	11	12
生育状態	※開花期は種類によって異なる			4〜10月　生育と充実期								
置き場	1〜4月　室内				5〜10月　屋外						11〜12月　室内	
日当たり（遮光率）	1〜2月　10%		3〜5月　50%			6〜8月　70%			9〜11月　50%			12月　10%
植替時期					5〜7月　鉢増し⇒157ページ　株分け⇒158ページ				9〜10月			
水やり	1〜3月　乾くのを確認してから（5〜7日に1回）			4〜5月　毎日朝、水を与える		6〜8月　毎日夕方たっぷりと			9〜10月　毎日朝、水を与える		11〜12月　乾くのを確認してから（5〜7日に1回）	
肥料				4〜6月　液肥のみの場合は1000〜1500倍液を同時期に週1回施す								
消毒				4〜11月　月に1度定期的な消毒が必要　8月は避ける								

置き場所：春（5月頃）最低温度が15℃になる頃より屋外に出し、また秋（11月頃）早朝の最低温度10℃を目安に室内に入れる。

温度：品種によりますが平均的に最低温度7℃を目安に考えるとよい結果が出ます。

水やり：春先（4月）からは毎日乾いたら1回の灌水をします。また5月中旬からは外に出して毎朝灌水します。

肥料：春先にたっぷり施す。有機肥料（油粕や骨粉）や液肥（1000倍液）を充分に施すとよい。

消毒：春先から秋口に屋外へ置くため、病害虫が外部より来る恐れあり。1ヵ月に1回ほど殺虫剤・殺菌剤を散布する。また秋口、充分な消毒をしてから室内に取り入れる。

植込材料：素焼き鉢／水ゴケ

原産地：メキシコからブラジルまでの中南米に生息。よく日の当たる場所を好み、川沿いの湿地帯付近の樹木や山岳地帯では東斜面の樹木に着生している。

可憐な黄色の花が人気

原産地と花の特徴

オンシジウムの多くの種は比較的寒さに強く、5～7℃の最低温度で冬越しができます。そのため、日本でも多くの人が好んで栽培しています。原産地は北はメキシコから南はブラジルまでに広がり、約130の原種がある大きな属です。

その多くは、よく日の当たる場所を好みます。平地では湿地付近の樹木、山岳地帯では東側斜面の樹木に着生しています。楕円形のバルブを持ち、雨季の間に一気にバルブを大きく生長させます。乾季にはそのバルブに蓄えた水分で、乾燥に耐えます。花は2～7cmの大きさで、30～80cmの花茎を伸ばし小枝を出して数十輪の花を咲かせます。黄色の大きなリップを持ち、ペタルには褐色の斑点があるのが特徴です。日本で栽培されている種は、この黄色系の交配種が主流で、寒さに強く人気を集めています。いっぽう、バルブが小さく高温高湿を好む品種もあります。これらの種は、温室で最低温度15℃以上を保ち栽培する必要がありますが、熱心な愛好家に人気があります。

よく日の当たる場所を好み、樹木に着生していることが多い

オンシジウムの仲間

● 基本種
オンシジウム（Oncidium）

● オンシジウムの仲間
アロハ イワナガ（Onc Aloha Iwanaga）
ケイロフォルム（Onc cheirophorum）
ジョネシアナム（Onc jonesianum）
カリヒ（Onc Kalihi）
ランセアナム（Onc lanceanum）
ルリダム（Onc luridum）
ステイシー（Onc stacyi）
スーパースター 'S.B'（Onc Super Star`S.B'）
クロエサス（Onc. croesus）
セボレタ（Onc.cebolleta）など

大型交配種

- ドーサルペタル（上がく片）
- ペタル（花弁）
- コラム（ずい柱）
- リップ（下がく片）
- ステム（花茎）
- リーフ（葉）
- バルブ

オンシジウムには2～3cmから、7cmの花を咲かせるものまで多くの品種がある

よい株の条件

葉が多くツヤのある株を

購入時には、葉の枚数が多く、バルブにハリがありみずみずしい株を選びます。葉の枚数が少なく黒や黄色のシミがあり、バルブにシワがある株は避けたほうがよいでしょう。一般に栽培されている以上に保つ必要があります。

オンシジウムは、丈夫で寒さにも強く簡単に花を咲かせることができます。ただし高温性の種は、一般にあまり販売されていません。栽培するためには最低温度を15℃以上に保つ必要があります。

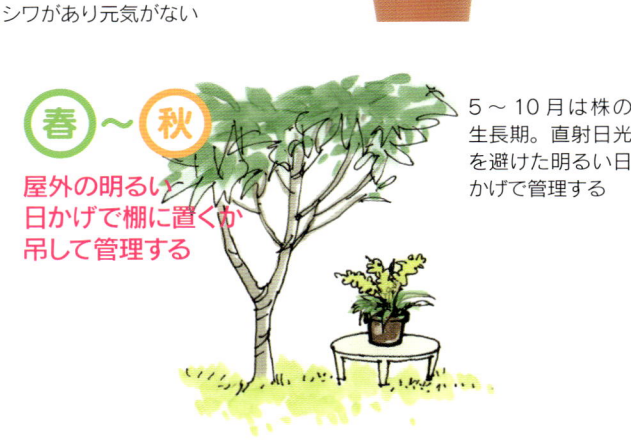

よい
バルブにハリとツヤがありみずみずしい
よい株は葉の枚数が多く、ツヤがある。株が全体的に元気なものを選ぶ

葉の枚数が多く、葉にツヤがある

悪い
葉に黄色や黒のシミがある 葉の枚数が少ない
悪い株は葉の枚数が少なくツヤがない。バルブにシワがあり元気がない

バルブにしわがある

置き場所

冬は室内で7℃以上で栽培

夏→屋外、冬→室内

5月になったら屋外へ出し、風通しのよい場所に置きます。風通しをよくすると、株が健康的に育ちます。遮光は50％くらいが適しています。いっぽう、外気温が10℃を割り込む11月頃になったら、室内に取り込みます。室内では、よく日の当たる場所に置きます。高温性の種は年間を通して15℃以上を保てば、意外と簡単に栽培できます。通常は、温室で湿度も保って栽培します。

春〜秋
屋外の明るい日かげで棚に置くか吊して管理する

5〜10月は株の生長期。直射日光を避けた明るい日かげで管理する

冬〜初春
室内の日当たりのよい窓辺で2〜3時間日に当てる

最低温度7℃以上を保って栽培。暖かい日には窓を開けて換気を

花茎切り

1ヵ月楽しんだら花茎切りを

オンシジウムは寒さに強く、比較的花を咲かせやすい品種です。花もちもよく、2ヵ月以上咲き続けるものもあります。

花が終わるまで観賞していても問題はありませんが、株の栄養を新芽の生長にまわせるよう、1ヵ月くらい花を楽しんだら花茎切りを行いましょう。花茎のつけ根に近い部分にハサミを入れて、切り落とします。切った花は花瓶などに挿して、もう一度楽しむことができます。

① 花茎の根元に近いところにハサミを入れて、花茎を切り落とす

作業前

花が咲き、1ヵ月ほど楽しんだら、花茎切りを行う

② 花茎切りが終わった状態。花茎切りを行うことで、新芽の生長に栄養をまわすことができる

オンシジウム *Oncidium*

よい花を咲かせるポイント

- 最低温度7℃以上を保てば、簡単に咲かすことができます。春から夏、秋から冬にかけて、年2回開花します。花が咲いているときは室内に置き、乾いてから水を与えるようにします（3〜5日に1回）。
- 5月になったら株を風通しのよい屋外に出し、肥料と水をたっぷり与えます。
- 9月になると株は大きく膨らみはじめます。追肥を施すようにします。
- 外温度が10℃を割る11月頃になったら、室内のよく日の当たる場所に置きます。
- 冬場は、灌水の回数を控えめに。1週間に1回、たっぷりと与えます。
- オンシジウムの花はナメクジの好物です。見つけたらすぐに薬を使って退治します。

病害虫

斑点病
黒い斑点ができ、中心部から枯れた色になる。低温時に出やすい

軟腐病
葉のつけ根などが茶色から黒褐色に腐ってくる。多湿時に出やすい

水やり

4～10月→毎日
11～3月→1週間に1回

夏場は毎日、たっぷりと灌水

5月になったら、株を屋外へ出し春と秋は毎朝、夏場は朝と夕方にたっぷりと水を与えます。いっぽう、冬場は1週間に1度、たっぷりと与えるだけで充分です。開花期には、乾いてから3～5日に1度、水を与えるようにします。高温性の種は、年間を通して湿度を高く保ちます。水やりは、通常の倍ほど与えます。また、プラスチック鉢の場合は、素焼き鉢の半分くらいの水やりで充分です。

水やりのサイン

水やり必要
素焼鉢が乾燥して、色が薄くなっている

まだ必要ない
素焼鉢の色が湿って濃くなっている

開花期には、鉢が乾燥したら3～5日に1度水やりを行う。乾燥しているかどうかは、鉢の色や水ゴケを触って判断する

水やりの方法

春～秋

晩秋～冬

夏場は毎日、朝夕たっぷりと灌水する。冬場は1週間に1度、たっぷりと水を与える

肥料やり

5～6月、9月

5～6月に肥料を施す

生長期となる5～6月に、固形肥料を月に1回施します。液肥のみの場合は、1000～1500倍に水で薄めた液を、同時期に週に1回施すとよいでしょう。また、9月になると株は大きく膨らみ始めます。この時期に、追肥を施すと丈夫な株に育ちます。肥料やけを防ぐために、施しすぎないように注意しましょう。

5～6月にかけては、月に1度、固形の有機肥料を施す。肥料は株からできるだけ離した鉢の縁に置く

鉢増しの方法

真夏を除く春から秋に行う

5～10月（真夏を除く）

オンシジウムは花が終わったら、鉢増し（ひと回り大きな鉢に植え直す作業）を行います。時期としては、5～10月までが適していますが、真夏に行うのは避けた方がよいでしょう。

植え込み材には、水ゴケを使います。水はけをよくし根に空気が触れるよう、鉢底に1cmくらいの隙間をつくるように水ゴケを巻きます。鉢増しは、2年に1回を目安に行います。

オンシジウム / Oncidium

道具

（右上から）支柱、ハサミ、ビニタイ、ラベル、竹べら、ニッパ、ピンセット、針金。写真のほかに新しい鉢、新しい水ゴケ、鉢底網も用意しておく

作業前
- バルブが込み合っている
- 1～2回り大きい鉢にする

葉がたくさん伸び鉢の中がバルブで込み合ってきたら鉢増しを行う

① ポット植えになっている場合は、株元をしっかり持ち、手で抜き出す

② 根や水ゴケに傷みがないため、上から新しい水ゴケをまいていく
→ 水ゴケを周りに均等に巻く

③ 新しい鉢を用意して、鉢底の穴をふさぐように、鉢底網を敷く

④ 鉢の底に1cmくらいの隙間ができるよう、株の下には水ゴケを巻かない
→ 株の下は水ゴケは少なめに巻く（ポイント）

完成
植え替える鉢は、1～2回り大きな鉢を選ぶ。鉢が大きすぎると根が腐る原因になるので注意

株分けの方法

5～10月（真夏を除く）

春に行うのが最もよい

株分けは、鉢増しと同じく花が終わり、株が生長する時期に行うのが適しています。5～10月までの、真夏を除いた時期に行いましょう。なかでも春は、株分けに最も適しています。

株をよく観察すると、古いバルブを中心に新しいバルブが外側へ広がって伸びているのが分かります。その新芽の方向を確認し、1株が新芽を含めて3バルブ以上になるように、株分けをします。株分けの際には、古いバルブや根を整理すると、新しい根が伸びやすくなります。

ポイント
- 真夏を除く5～10月に行う。
- 1株3バルブ以上になるように分ける。
- 古いバルブや根は整理する。

道具

（右上から）支柱、ハサミ、ビニタイ、ラベル、竹べら、ニッパ、ピンセット、針金。写真のほかに新しい鉢、新しい水ゴケ、鉢底網も用意しておく

1

竹べらを水ゴケと鉢の間に入れ1周し、竹べらで持ち上げる

根を傷めないよう、株は少しずつ丁寧に持ち上げよう

2

株を取り出したら傷んだ根がないか確認する

作業前

葉の枚数が充分に増え、バルブの数も多くなってきたら株分けをする

158

オンシジウム *Oncidium*

ポイント ④

ハサミを使って、少し切り込みを入れる

株が分かれて伸びているので、分岐点にハサミを入れる

ポイント ③

新芽が伸びている方向を確認する

株を上から見て、新芽が伸びている方向を確認し、切る位置を決める

⑥

さらに、大きな株を同じく新芽が伸びている方向を確認し2つに分ける

同時に、傷んだ根は切り落とすと新しい根が生えやすくなる

⑤

ある程度ハサミを入れたら、手でゆっくりと分けていく

ポイント ⑧

黒く変色した古い水ゴケをピンセットで落としていく

⑦

1株に新芽も含めて3バルブ以上となるように分ける。今回は、3つの株に分けた

159

⑩ 3株とも同じ作業を行い、植え込む準備を行う

⑨ 水ゴケや古い根をきれいに整理した状態

鉢の底に1cmくらいの隙間ができるよう、株の下には水ゴケを巻かない

⑪ 根を包み込むように、新しい水ゴケを巻いていく

⑫ 根の周りに水ゴケを均等に巻く

⑬ 新しい鉢を用意して、鉢底の穴をふさぐように鉢底網を敷く

鉢の周囲を親指で押して、ウォータースペースを作る

⑭ 指で水ゴケを押して鉢にはめ込む、鉢の下には1cmほどの隙間があくよう植えるとよい

ポイント

完成

3つに株分けが終了した状態。株分け後、約1週間は水を与えなくてもよい

セロジネ

Coelogyne

セロジネは5℃以上の気温があれば栽培でき、特別な加温設備が必要ないことから、初心者でも比較的簡単に花を咲かせることができます。その花は香りがよく、白や黄色、グリーン、褐色など花色も豊富で、多くの人から愛されています。

162〜165	品種カタログ
166	栽培早見表
167	原産地と花の特徴
168	よい株の条件
168	置き場所
169	水やり
169	肥料やり
169	花茎切り
170	鉢増しの方法
171〜172	株分けの方法

ロクセニー
Coel. rochussenii

花期：春　花径：1.5〜2cm　株高：25〜35cm

温度 湿度 日照
低　並　強

原産地
インドネシア
標高：1000m

特徴：葉は細く長く、バルブも15cmほどで、やや長い花は30〜50cmほど下垂して1花茎数10輪付けます。花は小さいけれども豪華です。

グラミニフォリア
Coel.graminifolia

花期：春
花径：4〜5cm
株高：20〜30cm

温度 湿度 日照 原産地
低　並　強

インドネシア
標高：1000m

特徴：葉は大きく長く、原種で花は4〜5cmと大きく1花茎3〜5輪ほど着花します。花茎は25〜30cm真っすぐ上に伸びて咲きます。

メモリア フクバ
Coel.Mem.Fukuba

花期：春
花径：3〜4cm
株高：20〜25cm

温度 湿度 日照
低　並　強

特徴：交配時の片親にインターメディアがかかっていることから香りがあり花付きがよいことと、濃い黄色のリップが人気です。

インターメディア
Coel.Intermedia

花期：春
花径：3〜4cm
株高：15〜20cm

温度 湿度 日照
低　並　強

特徴：片親にクリスタータを使った交配種で最も人気のある品種です。香りのよさと丈夫さで多くの展示会にも出品されています。

温度：高 適温20〜30℃、並 適温13〜25℃、低 適温8〜20℃　湿度：多湿を好む、やや多湿を好む、やや乾燥を好む　日照：強 日光を好む、並 やや日光を好む、弱 弱光を好む

セロジネ / Coelogyne

クリスタータ
Coel.cristata 原

- 花期：春
- 花径：4～5cm
- 株高：25～30cm
- 温度：低　湿度：並　日照：強
- 原産地：インド　標高：1500m
- 特徴：インドの高地が原産で、非常に寒さに強い種です。花は大きく1花茎に3～5輪ほど着花します。香りがよいことから人気があります。

オクラセア
Coel.ochracea 原

- 花期：春
- 花径：3～3.5cm
- 株高：20～25cm
- 温度：低　湿度：並　日照：強
- 原産地：インド　標高：1000～1500m
- 特徴：株は比較的小さく、葉は柔らかいです。純白の花を1花茎に5～8輪付けます。他種と異なりやや暗めの場所での栽培がよいでしょう。

ムーレアナ
Coel.mooreana 原

- 花期：春　花径：4～5cm　株高：30～35cm
- 温度：低　湿度：並　日照：強
- 原産地：ベトナム　標高：1500m
- 特徴：ベトナムで発見された比較的新しい原種です。花茎が長く伸びて、純白の大きな花を付けることから依然として、人気があります。

ムルティフローラ
Coel.multiflora 原

- 花期：春
- 花径：1cm
- 株高：25～30cm
- 温度：低　湿度：並　日照：強
- 原産地：インドネシア　標高：1500m
- 特徴：大きな堅い葉をもち、葉も長く伸びる原種です。花は白く1花茎に20～25cm伸びて数10輪花を付けます。寒さにも強いです。

原：原種

ローレンセアナム
Coel.lawrenceana 原

花期：春	温度 湿度 日照	原産地
花径：3〜4cm	低 並 強	インドネシア
株高：20〜25cm		標高：800〜1000m

特徴：インドネシア原産の原種で大きな花を付けます。花は褐色がかった黄色で白のリップを持ちます。希少な原種のひとつです。

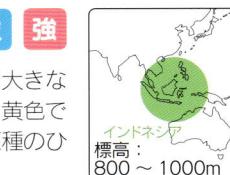

フラシダ
Coel.flaccida 原

花期：春　花径：4〜5cm　株高：20〜30cm
温度 湿度 日照
低 並 強

原産地：インド　標高：1500m

特徴：株は小型で堅いバルブを持つ原種です。花はクリームっぽい白で、1花茎10〜15輪ほど着花します。リップは黄色で目立つ花です。

マルモラータ
Coel. marmorata 原

花期：春　花径：4〜5cm　株高：20〜25cm
温度 湿度 日照
低 並 強

原産地：フィリピン　標高：1500m

特徴：葉は堅く卵大のバルブを持ちます。花はグリーン色に白いリップを持ちます。花茎は15〜20cmほど伸び、5〜10輪着花します。

レティアナ（ウシタエ）
Coel.letiana(usitae) 原

花期：春　花径：4〜5cm　株高：20cm
温度 湿度 日照
並 高 並

原産地：フィリピン　標高：1500m

特徴：近年発見された種でセロジネの中では珍しい咲き方をします。花茎は20〜40cm下垂して下を向いて咲きます。吊るして栽培するとをお勧めします。

温度：高 適温20〜30℃、並 適温13〜25℃、低 適温8〜20℃　湿度：高 多湿を好む、並 やや多湿を好む、低 やや乾燥を好む　日照：強 日光を好む、並 やや日光を好む、弱 弱光を好む

セロジネ *Coelogyne*

ユニフローラ
Coel. uniflora

原

花期：春
花径：3〜4cm
株高：15〜20cm

温度 低 / 湿度 並 / 日照 強

原産地：インドネシア 標高：500〜1000m

特徴：小型の株で草丈は10〜15cmほどです。小さなバルブが上方に向かって増えていきます。花付きはよいですが1花茎に1花です。

フラビダ
Coel. fravida

原

花期：春
花径：3〜4cm
株高：15cm

温度 低 / 湿度 並 / 日照 強

原産地：インドネシア 標高：800〜1000m

特徴：パンデュラータを小さくしたような花型です。花はグリーンでリップに褐色が入ります。葉は幅広で厚く大きく、1花茎3〜5輪着花し花もちはよい。

ユニフローラ アルバ
Coel. uniflora alba

原

花期：春
花径：2.5〜3cm
株高：20〜25cm

温度 低 / 湿度 並 / 日照 強

原産地：インドネシア 標高：300〜500m

特徴：同品種の白色個体（アルバ）で、非常に貴重な個体です。株姿と性質は同種と同じ特徴を持っています。光を好みます。

パンデュラータ
Coel. pandulata

原

花期：春
花径：7〜10cm
株高：30〜40cm

温度 並 / 湿度 並 / 日照 強

原産地：インドネシア 標高：800〜1000m

特徴：ボルネオ原産の大型の種です。バルブ、葉の両方が大きく、花も大きくグリーン色で、暗褐色のリップを持ちます。

原：原種

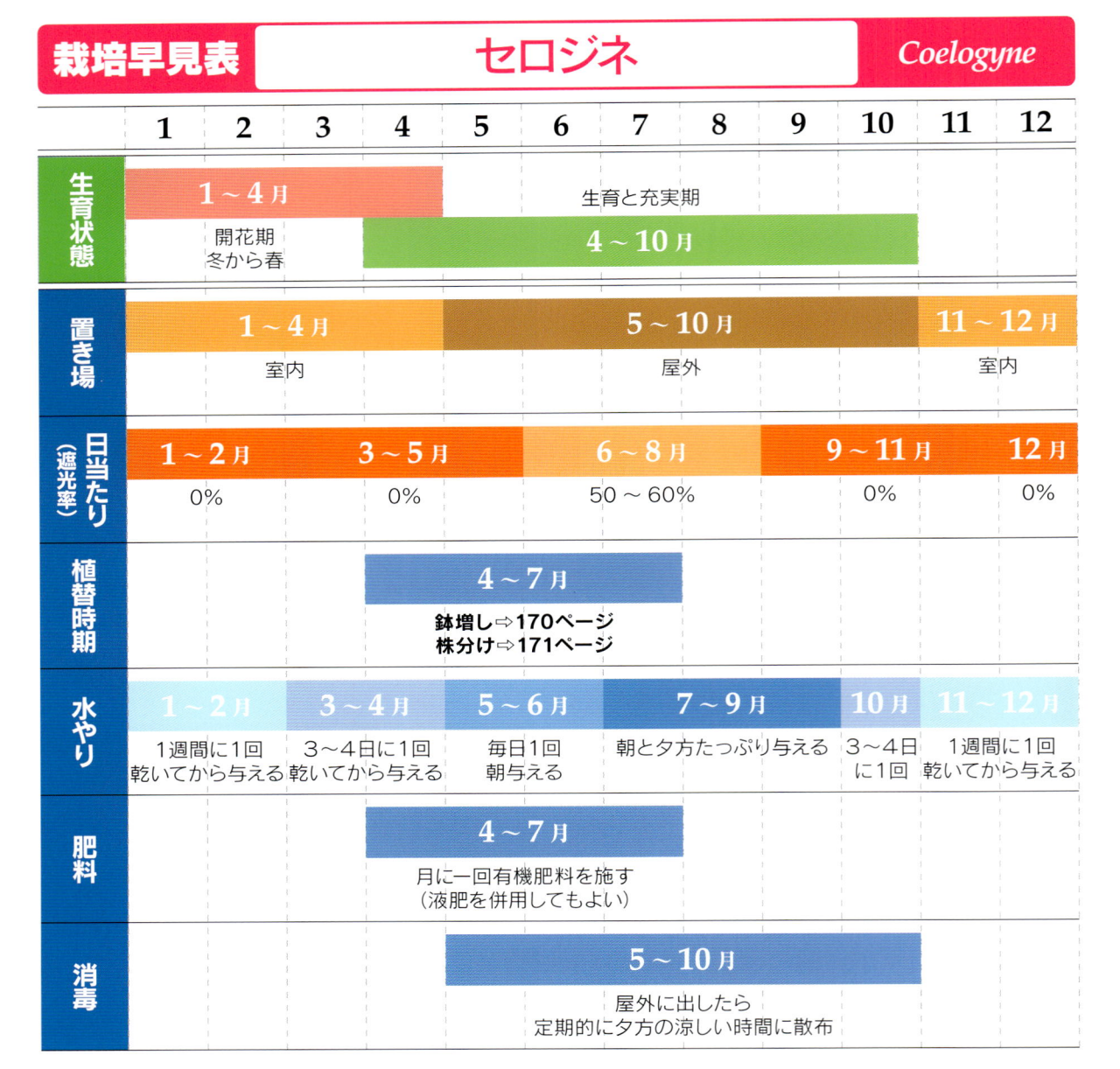

栽培早見表　セロジネ　*Coelogyne*

	1	2	3	4	5	6	7	8	9	10	11	12
生育状態	1～4月 開花期 冬から春				生育と充実期 4～10月							
置き場	1～4月 室内				5～10月 屋外						11～12月 室内	
日当たり (遮光率)	1～2月 0%		3～5月 0%			6～8月 50～60%			9～11月 0%			12月 0%
植替時期				4～7月 鉢増し⇒170ページ 株分け⇒171ページ								
水やり	1～2月 1週間に1回 乾いてから与える		3～4月 3～4日に1回 乾いてから与える		5～6月 毎日1回 朝与える		7～9月 朝と夕方たっぷり与える			10月 3～4日に1回	11～12月 1週間に1回 乾いてから与える	
肥料				4～7月 月に一回有機肥料を施す（液肥を併用してもよい）								
消毒					5～10月 屋外に出したら定期的に夕方の涼しい時間に散布							

置き場所：5月頃、最低温度が15℃になる頃より屋外に出し、11月頃、早朝に10℃位を目安に室内へ。

温度：セロジネは寒さに強く最低温度5℃位まで屋外においてもかまいません。

植込材料：通常ミズゴケや軽石、バークを使います。

水やり：春～秋まではたっぷり水を当たえる。冬場は1週間に1回ほどたっぷり与える。

肥料：春先にたっぷり施す。有機肥料（油粕や骨粉）や液肥（1000倍液）を充分に施すとよい。

消毒：春先から秋口に屋外へ置くため、病害虫が外部より来る恐れあり。1ヵ月に1回ほど殺虫剤・殺菌剤を散布する。また秋口、充分な消毒をしてから室内に取り入れる。

植込材料：素焼き鉢／水ゴケ

原産地：中国やインドシナ半島、ヒマラヤ、フィリピン、インドネシア、ニューギニアなどの東アジアから、オセアニアまで広範囲に分布している。

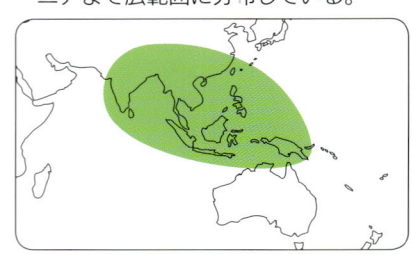

原産地と花の特徴

初心者向けの香りよいラン

セロジネは香りがよく、寒さにも強いことから多くの人から愛されています。外気温が5℃以上あれば栽培でき加温設備が必要ないため、初心者でも簡単にきれいな花を咲かせることができます。

自生地は広く、ヒマラヤから中国、インドシナ半島、フィリピン、インドネシア、ニューギニアまで分布しています。品種は約120種あり、多くは葉が厚く大きく、バルブは球状で、株もとより花茎を伸ばして花をつけます。10cmほどの大きな花を1輪咲かせる種から、2〜3cmの花を数10輪つける種までであり、中には花茎を数10cm伸ばして50輪以上の花をつける種もあります。花色も豊富で、白や黄、グリーン、褐色などがあり、花茎は上に伸びるタイプと下に垂らすタイプに分かれます。交配種のなかで有名な品種に、セロジネ インターメディアがあります。コンパクトで花つきがよいことから、とても人気が高い品種です。

高地の日当たりのよい岩場に、よく自生している

ドーサルセパル（上がく片）
ペタル（花弁）
コラム（ずい柱）
ロアーセパル（下がく片）
リップ（唇弁）

ステム（花茎）
リーフ（葉）
バルブ

多くの種は葉が大きくバルブが球状で、株もとから花茎をのばして花を咲かせる

セロジネの仲間

●基本種
セロジネ（Coelogyne）

マルモラータ（Coel. marmorata）
ロクセニー（Coel. rochussenii）
ユニフローラ（Coel. uniflora）
クリスタータ（Coel. cristata）
フラシダ（Coel. flaccida）
グラミニフォリア（Coel. graminifolia）
インターメディア（Coel. Intermedia）
ローレンセアナム（Coel. lawrenceana）
メモリア　フクバ（Coel. Mem. Fukuba）
ムーレアナ（Coel. mooreana）
ムルティフローラ（Coel. multiflora）
オクラセア（Coel. ochracea）

よい花を咲かせるポイント

- ●冬場によく日に当てることが最も重要です。窓越しの直射日光を充分に当てましょう。これは、自生状態では日当たりのよい岩場などに着生しているためです。
- ●冬場はよく乾燥させましょう。
- ●夏は水を充分すぎるくらい与え、一気にバルブを完成させます。
- ●大きなバルブを形成する種と、小さなバルブを多く持つ種があります。これはどちらも冬の乾燥に備え水を蓄えるためです。

よい株の条件

バルブにハリがある元気な株を

購入するときは葉やバルブにハリとツヤがあり、葉の枚数が多い株を選びます。バルブにシワや黒りする場合は、害虫が発生していいシミがあるものや、同じ種類のる可能性があります。購入時には、株に比べて葉の色が薄く黒いシミ葉の裏側もよくチェックするようなどがある株は、避けるようににしましょう。しましょう。また、葉が白くなっていたり、葉の裏を見て汚れていた

よい
葉の数が多く、ツヤがある
よい株は葉の枚数が多く、バルブにハリがある。株が全体的に元気なものを選ぶ

バルブにハリとツヤがありみずみずしい

悪い
葉が黄色や黒に変色している
葉の枚数が少ない
悪い株は葉の枚数が少なく、黄色や黒のシミがある。バルブにも元気がない

バルブにしわや黒いシミがある

置き場所

夏→屋外、冬→室内

冬に日に当てるのがポイント

11月頃、最低温度10℃を目安に室内に入れます。最低温度5℃くらいまでは、屋外に置いても大丈夫です。セロジネは冬場、よく日に当てることがよい花をつける最大のポイントです。窓越しの直射日光が、充分に当たる場所に置きましょう。いっぽう、春（5月頃）、最低温度が15℃くらいになったら屋外に出します。風通しのよい棚の上や、吊り下げて管理するとよいでしょう。

春〜秋
屋外で棚の上や吊るして管理する

5月頃からは屋外の棚の上などの、風通しのよい場所で管理する。吊るして管理してもよい

冬〜初春
冬場はよく日に当てることがポイント

最低温度が10℃くらいになったら室内で管理する。窓越しの直射日光を充分に当てる

168

水やり

5～9月→毎日
1～2月→1週間に1回

夏はたっぷり、冬はよく乾燥

セロジネは夏場に一気にバルブを生長させます。そのため5～6月は毎朝、7～9月は毎朝夕、たっぷりと水を与えます。いっぽう、冬場はよく乾かして管理します。これは自生地が乾季のある気候のためです。よく乾いたのを確認してから、1週間に1回ほど、たっぷりと水を与えます。

バルブが生長する夏は毎朝夕たっぷりと与える。冬場は乾燥させる

春～初秋
晩秋～冬

肥料やり

5～6月

肥料は控えめに管理する

一般的にランは、生長期に肥料を多く施すとよく育ちますが、セロジネの肥料は控えめに行います。生長期に入った5～6月に、月1回ずつ有機肥料を施し、夏場に一気に株を作ります。この時期、液肥を併用してもよいでしょう。

5～6月に月1回ずつ固形の有機肥料を施す。株からできるだけ離して肥料を置く

花茎切り

1～4月

花が枯れてきたら花茎切りを

セロジネは、冬から春にかけて花を咲かせます。大きな花を1輪咲かせるものや、小さな花を何10輪とつける種もあります。

5月からは株が生長期に入るため、花が咲いたままだと、株の負担になってしまいます。花が散るまで観賞しても問題はありませんが、早めに花茎切りを行うと、新芽の生長に栄養をまわすことができます。

花弁が薄くなり、花が枯れ始めたら花茎切りを行いましょう。花茎は、できる限りつけ根から切るようにします。

作業前

花が枯れてきたら、花茎切りを行うとよい

花茎切りを行うことで、新芽の生長に栄養をまわすことができる

① 花茎は、できる限りつけ根に近いところにハサミを入れ切り落とす

②

セロジネ
Coelogyne

鉢増しの方法

4〜7月

真夏前までに行う

バルブの数が増え、鉢の中が込み合ってきたら鉢増し（ひと回り大きな鉢に植え直す作業）を行います。時期としては4〜7月初旬が適しています。1〜2回り大きな鉢を用意して、植え替えを行いましょう。

植え込み材は、水ゴケやバークを使うとよいでしょう。水ゴケを巻く際には、バルブにかからないように注意。鉢増しは、2年に1回を目安に行います。

道具

（右上から）支柱、ハサミ、ビニタイ、ラベル、竹べら、ニッパ、ピンセット、針金。写真のほかに新しい水ゴケ、鉢底網も用意しておく

① 竹べらで持ち上げるときは、根を傷つけないように注意する

竹べらを水ゴケと鉢の間に入れ1周し、竹べらで持ち上げる

② 鉢から株を取り出したら、傷んだ根などがないか確認する。この株は傷んだところはない

③ ポイント 水ゴケが傷んでいないため、上から新しい水ゴケを周りに均等に巻く

新しい水ゴケを回りに均等に巻く

④ 水ゴケを巻き終わった状態。1〜2回り大きな鉢に植え替える

⑤ ポイント 水ゴケがバルブにかかっていたら、指で押してかからないようにする

指で鉢の周囲を押し込み、ウォータースペースを作る

ポイント
- 4〜7月初旬に行う。
- 水ゴケやバークで植え込む。
- バルブに水ゴケがかからないようにする。

作業前 バルブの数が増え、鉢の中が窮屈になっている

鉢の中にバルブが増えて、生長する空間がなくなっている

1〜2回り大きい鉢にする

完成 鉢増しが完成した様子。数日は水を与えなくてもよい

セロジネ

株分けの方法

バルブが込み合ったら株分け

4〜7月

鉢の中にバルブの数が増え、2方向以上に新芽（リード）が伸びてきたら、株分けを行いましょう。株分けは、鉢増しと同じく4〜7月初旬が適しています。

植え込み材には水ゴケやバークを使います。植え込み材はバルブにかからないように注意しましょう。また、株分けをして植えるときには、新芽側に水ゴケなどを多く巻き、生長するスペースを確保するとよいでしょう。

道具

（右上から）支柱、ハサミ、ビニタイ、ラベル、竹べら、ニッパ、ピンセット、針金。写真のほかに新しい水ゴケ、鉢底網も用意しておく

ポイント
- 4〜7月初旬に行う。
- 水ゴケやバークで植え込む。
- 新芽側に多くスペースをとるようにする。

作業前

2方向以上に新芽（リード）が伸び、鉢の中がバルブで窮屈になっている

↓

バルブの数が増えてきたら、株分けを行う

① 鉢から株を取り出し、傷んだところがないか確認する

② 新芽（リード）が伸びている2方向を見極め、その真ん中にハサミを入れる

葉が落ちた古いバルブを中心に、2方向へ新芽が伸びている

③ ハサミである程度切ったら、手でゆっくりと分ける

茶色に変色した古い水ゴケをピンセットで落とす。茶色になった根や、触ってみてスカスカな根は切り落とす

④ ピンセットで丁寧に、古くなった水ゴケを落としていく

⑤ 古くなった水ゴケをほぼ落とした状態。傷んだ根も大胆に取り除く

⑥ 株を2つに分けた状態。元気な根だけが残っている

⑦ まずは、株の下に根を広げて水ゴケを入れる

根で包み込むように、株元に水ゴケを入れる

⑧ 根を包み込むように、新しい水ゴケを巻いていく

ポイント
新芽側に多めに水ゴケを巻く

⑨ 水ゴケは、新芽側に厚めに巻くと、植え込んだ際、新芽が伸びるスペースが確保できる

⑩ 水ゴケがバルブにかかっていたら、指で押してかからないようにする

鉢に指を使って押し込む

完成
それぞれ株の周囲に余裕ができ、新芽が生長するスペースが確保できた

172

バルボフィラム

Bulbophyllum

洋ランのなかでも最大級の種を持つバルボフィラムは、世界中の熱帯・亜熱帯に1500種以上存在しています。花は独特な形を持ち、個性的な魅力にあふれています。なかでもシルホペタラムは、花の美しさから高い人気を集めています。

174〜177	品種カタログ
178	栽培早見表
179	原産地と花の特徴
180	よい株の条件
180	置き場所
181	水やり
181	花茎切り
181	肥料やり
182	鉢増しの方法
183	株分けの方法
184	コルクづけの方法

エバルディ
Bulb.evardii 原

温度	湿度	日照	原産地
並	高	並	ベトナム 標高：1500m

花期：不定期
花径：1～1.5cm
株高：10～15cm
特徴：近年ベトナムで発見された種で小型の株です。花は紫赤色で扇状に花を付けます。乾燥にも非常に強い種です。

フレッチェリアナム
Bulb.fletecherianum 原

温度	湿度	日照	原産地
並	高	並	 インドネシア 標高：1500m

花期：不定期
花径：7～10cm
株高：30～40cm
特徴：この属では最大の葉をもつ品種で、1mを超える大きさにもなります。暗紫褐色の5cmほどの花は、5～10輪ほど、株元に付きます。

エリザベス アン'バックルベリー'
Bulb.Elizabeth Ann `buckle bury`

温度	湿度	日照
並	高	並

花期：不定期
花径：1.5～2cm
株高：10～15cm
特徴：片親にロスチャルディアナムがかかっている交配種で、花付きは非常によいです。扇状に付ける花が多数でるため大株に向きます。

ロスチャルディアナム
Bulb.roschildianum 原

温度	湿度	日照	原産地
並	高	並	インドネシア 標高：1000m

花期：不定期
花径：2～3cm
株高：10～20cm
特徴：株は小さく親指大のバルブを持ちます。花茎は15～30cmほど伸びて、比較的大きな花を扇状に付けます。非常に人気のある種です。

温度：高 適温20～30℃、並 適温13～25℃、低 適温8～20℃　湿度：高 多湿を好む、並 やや多湿を好む、低 やや乾燥を好む　日照：強 日光を好む、並 やや日光を好む、弱 弱光を好む

バルボフィラム
Bulbophyllum

フェイスタム
Bulb.facetum

花期：不定期
花径：4〜5cm
株高：15〜20cm
温度 並　湿度 高　日照 並
原産地：フィリピン　標高：800m
原

特徴：フィリピン原産の比較的小型の品種で、非常に希少な品種です。花は一花茎1花、クリーム地に褐色の斑が入ります。

フロスティ
Bulb.forstii

花期：不定期
花径：3cm
株高：10〜15cm
温度 並　湿度 高　日照 並
原産地：ベトナム　標高：1000m
原

特徴：5cmほどの小さな株に、大きな袋状のリップを付ける比較的新しい発見の種です。セパルは雨をよける傘のようになっています。

ダイアナム
Bulb.dyanum

花期：不定期
花径：2〜3cm
株高：15〜20cm
温度 並　湿度 高　日照 並
原産地：インドネシア　標高：1500m
原

特徴：小型の株で15〜20cmの草丈です。花は暗褐色で1花茎2〜3輪ほど着花します。花は細い線毛で覆われ、興味深い花です。

エキノラビューム
Bulb.echinolabium

花期：不定期　花径：18〜25cm　株高：30〜40cm
温度 並　湿度 高　日照 並
原産地：インドネシア　標高：800〜1000m
原

特徴：インドネシア原産で草丈は40cmほどになりバルボフィラムの中でも最も大きな花で、花径は25〜30cmあります。独特のにおいがある花です。

原：原種

グランディフロラム
Bulb.grandiflorum

花期：不定期
花径：10〜12㎝
株高：20〜30㎝

温度 湿度 日照
並 高 並

原産地
インドネシア
標高：1000m

特徴：株は15〜20㎝と小型ですが、花は種名のごとく非常に大きいです。どことなくコブラのようにも見える珍しい花です。花付きはよいです。

カランキュラタム
Bulb.carunculatum

花期：不定期
花径：3〜4㎝
株高：30〜40㎝

温度 湿度 日照
並 高 並

原産地
インドネシア
標高：1000m

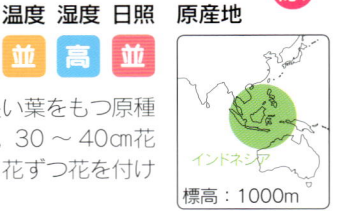

特徴：卵大のバルブと長い葉をもつ原種で、花は濃い黄色です。30〜40㎝花茎を伸ばして、1花茎1花ずつ花を付けて次々に咲きます。

スラウェッシー
Bulb.sulawesii

花期：不定期　花径：10〜12㎝　株高：30〜40㎝
温度 湿度 日照
並 高 並

原産地
インドネシア
標高：1500m

特徴：インドネシアのスラウェシィ島で発見されたことから種名が付いており、独特の花型をしています。花茎は25〜30㎝伸び、花を付けます。

メドゥーセ
Bulb.medusae

花期：不定期
花径：2〜3㎝
株高：10〜15㎝

温度 湿度 日照
並 高 並

原産地
タイ
標高：1500m

特徴：株は小型で花は白色、小さな花を密に付けて、バランスよく垂れて咲きます。この属では、唯一この咲き方をする珍花です。

温度：高 適温20〜30℃　並 適温13〜25℃　低 適温8〜20℃　　湿度：多 多湿を好む　並 やや多湿を好む　乾 やや乾燥を好む　　日照：強 日光を好む　並 やや日光を好む　弱 弱光を好む

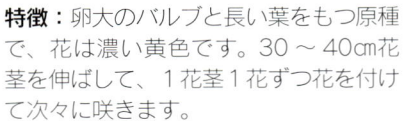

バルボフィラム / Bulbophyllum

トリコローネ
Bulb.tricorne　原

花期：不定期　花径：1㎝　株高：15～18㎝

温度　湿度　日照
並　　高　　並

原産地
タイ
標高：1500m

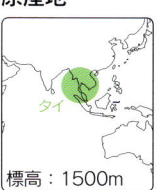

特徴：株は小型で丸いバルブを持ちます。花茎は15㎝ほど伸び、1花茎に小さな花を50～60輪付けます。水を特に好みます。

グラベオレンシス
Bulb.grabeolens　原

花期：不定期
花径：2～3㎝
株高：20～30㎝

温度　湿度　日照
並　　高　　並

原産地
インドネシア
標高：1500m

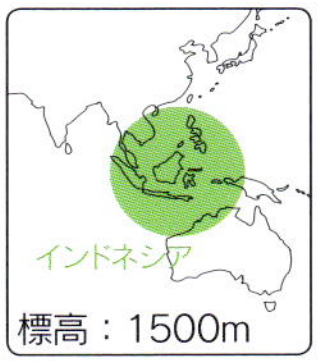

特徴：ニューギニアに分付する希少な種です。1花茎に10～15輪ほど着花し、扇状に広がります。花は黄色がベースの綺麗な花です。

ブフロラム
Bulb.biflorum　原

花期：不定期
花径：1～1.5㎝
株高：15～20㎝

温度　湿度　日照
並　　高　　並

原産地
タイ
標高：1500m

特徴：株は15㎝ほどで、小さく堅い葉をしています。花茎は10㎝ほど伸び2輪ほど花を付けます。比較的乾燥に強く、光を好みます。

クチュラタム
Bulb.cuttulatum　原

花期：不定期
花径：1～1.5㎝
株高：10～15㎝

温度　湿度　日照
並　　高　　並

原産地
タイ
標高：1000m

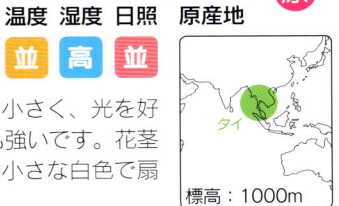

特徴：株は10㎝ほどで小さく、光を好む性質があり、乾燥にも強いです。花茎は10㎝ほど伸び、花は小さな白色で扇状に付けます。

原：原種

栽培早見表　バルボフィラム　*Bulbophyllum*

	1	2	3	4	5	6	7	8	9	10	11	12
生育状態		開花期 3月頃から10月頃まで　3～10月										
	1～8月									生育と充実期 春から秋にかけて生長します		
置き場	1～4月 室内				5～10月 屋外						11～12月 室内	
日当たり（遮光率）	1～3月 30%			4～5月 50%		6～8月 70%			9～10月 50%		11～12月 30%	
植替時期					5～7月 鉢増し⇒182ページ 株分け⇒183ページ				9～10月			
水やり	1～3月 冬季でも乾く前に水を与える			4～5月 春と秋は毎日朝水を与える		6～8月 夏は毎日夕方たっぷり水を与える			9～10月 春と秋は毎日朝水を与える		11～12月 冬季でも乾く前に水を与える	
肥料					5～6月 春先から外に出し有機肥料を施す							
消毒				4～12月 月に一度定期的な消毒が必要　8月は避ける								

置き場所：春（5月頃）最低温度が15℃になる頃より屋外に出し、また秋（11月頃）早朝の最低温度10℃を目安に室内に入れる。

温度：品種によりますが平均的に最低温度7℃を目安に考えるとよい結果が出ます。

水やり：春と秋は毎朝、夏は毎朝夕水を与える。冬季でも乾く前に水を与えるとよい。

肥料：春先にたっぷり施す。有機肥料（油粕や骨粉）や液肥（1000倍液）を十分に施すとよい。

消毒：春先から秋口に屋外へ置くため、病害虫が外部より来る恐れあり。1ヵ月に1回ほど殺虫剤・殺菌剤を与える。また秋口、充分な消毒をしてから室内に取り入れる。

植込材料：素焼き鉢、水ゴケ

原産地：ほぼ世界中の熱帯・亜熱帯地方に生息。特に中国南部からインドシナ半島、フィリピン、マレーシア、ニューギニアなどのアジアに多く分布している。

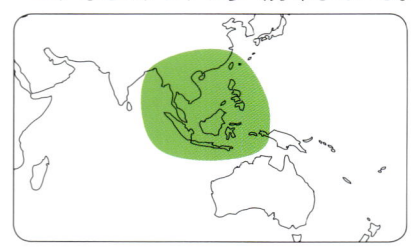

独特な花姿が魅力の最大属

原産地と花の特徴

バルボフィラムは世界中の熱帯・亜熱帯に1500種以上存在する、最も種の多い属です。その多くは湿気のある密林の大樹に着生し、日の当たらない暗い場所を好みます。海抜1000m以上の高地にも生息し、寒さに強い種も多くあります。一般的にバルボフィラムと呼ばれる種には、2つの系統があります。ひとつは花茎を長く伸ばし1、2輪から10数輪の花をつけるバルボフィラムと、もうひとつは1本の花茎に10輪ほどの花を扇状につけるシルホペタラムです。花の形はさまざまで、大きな花や独特の形の花を持つ種には、個性的な魅力があります。

これらの種は花の香りが特徴的です。この香りは暗い自生地でハエなどを呼び、自然交配するために進化してきたもので、多くが人にとっては好ましくない匂いです。そのなかで、シルホペタラムは比較的香りがやさしく、花も美しいため人気を集めています。

湿気の多い密林の大樹に、コケとともに着生している場合が多い

バルボフィラムの仲間

●基本種
- バルボフィラム（Bulbophyllum）
- シルホペタラム（Cirrhopetalum）

- カランキュラタム（Bulb.carunculatum）
- ダイアナム（Bulb.dyanum）
- エキノラビューム（Bulb.echinolabium）
- フェイスタム（Bulb.facetum）
- フレッチェリアナム（Bulb.fletecherianum）
- フロスティ（Bulb.forstii）
- グランディフロラム（Bulb.grandiflorum）
- スラウェッシー（Bulb.sulawesii）
- トリコローネ（Bulb.tricorne）
- グラベオレンシス（Bulb.grabeolens）

バルボフィラム

- ドーサルセパル（上がく片）
- ペタル（花弁）
- コラム（ずい柱）
- ロアーセパル（下がく片）
- リップ（唇弁）

1本の花茎に1、2輪から10数輪の花をつける種がある

- ステム（花茎）
- 葉（リーフ）
- バルブ

シルホペタラム

1本の花茎に10輪ほどの花を、扇状につけるのが特徴

よい株の条件

3～4バルブあれば大半は開花

購入するときは葉やバルブにハリとツヤがあり、葉の枚数が多い株を選びます。同じ種類の株に比べて葉の色が薄く、黒いシミなどがある株は避けるようにしましょう。バルブが3～4つあれば、ほとんどの株は問題なく花を咲かせることができます。ただし乾燥気味の場合は、たっぷりと水を与えましょう。花の寿命は約2週間です。他のランに比べて花の寿命が早くきますが、問題はありません。

よい
- 葉にツヤとハリがある。葉の枚数が多い
  よい株は葉の枚数が多く、葉やバルブにツヤがある。株が全体的に元気なものを選ぶ
- バルブにハリがあり、みずみずしい

悪い
- 葉が黄色に変色している。葉にツヤがなく枚数が少ない
  悪い株は葉の枚数が少なく、黄色や黒のシミがある。バルブにも元気がない
- バルブにしわがあり、ツヤがない

置き場所

夏→屋外、冬→室内

年間を通して暗い場所で管理

バルボフィラムは、年間を通して暗い場所を好みます。5～11月は屋外で管理しますが、かなり暗め（70％遮光）の場所がよいでしょう。11月を過ぎたら室内に取り込みます。最低温度は7℃以上を保てば、ほとんどの種が栽培できます。また冬場でも、やや暗め（50％遮光）の場所で管理します。ただしバルブが小さい株などは、冬場にやや強め（30％遮光）の日を当てるとよいでしょう。

春～秋
屋外の軒下や木かげなど暗い場所で管理

5～11月は屋外のかなり暗めの、風通しのよい場所で管理する

冬～初春
冬場は室内の直射日光が当たらない場所に

冬場でも暗めの場所に置く。直射日光は避けたほうがよい

水やり

冬場も乾く前に潅水を

4～10月→毎日
11～3月→乾く前に

夏場（7～9月）は毎朝夕、たっぷりと水を与えます。特に夕方には多めに灌水するとよいでしょう。真夏を除く5月中旬～10月は、毎朝水を与えます。

冬場も乾く前に水を与えるようにします。ただし、花がつかない場合には、やや乾燥気味にして日に当てると、花がつきやすくなります。

水やりのサイン

水やり必要
バルブにしわができている。水ゴケや鉢が乾いている

バルブにシワがある乾燥気味の株には、たっぷりと水を与える。年間を通して、乾く前に灌水する

まだ必要ない
バルブにハリとツヤがあり、水ゴケも湿っている

水やりの方法

春～秋／冬

春から秋はたっぷりと、特に夏の夕方は多めに水を与えるとよい。冬場も乾燥する前に灌水を行う

花茎切り

花が枯れてきたら花茎切りを

3～10月

バルボフィラムの開花期は3～10月にかけてです。花の寿命は短く、2週間ほどで枯れてしまいます。花が枯れて散り始めたら、花茎切りを行いましょう。花茎はできる限りつけ根から切るようにします。こうして花茎を切ることで、株の生長に栄養をまわすことができます。

花茎は、できる限りつけ根に近いところにハサミを入れ切り落とす

作業前

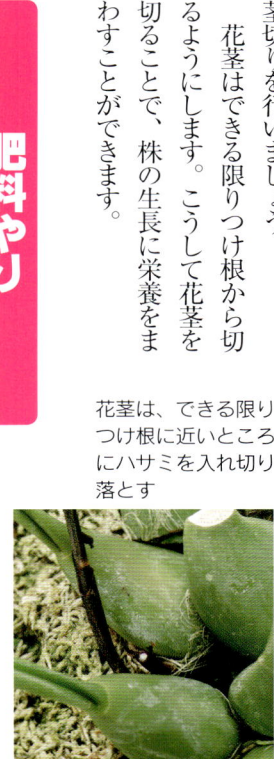

肥料やり

5～7月にたっぷりと施肥

一般的にランは、生長期に肥料を多く施するとよく育ちます。バルボフィラムは屋外に出し始めた5～7月に、有機肥料をたっぷり施します。肥料は固形肥料がよく、できる限り株から離して置くようにしましょう。

5～7月に有機肥料をたっぷり施す。肥料は、株からできるだけ離して置く

バルボフィラム / Bulbophyllum

鉢増しの方法

5〜10月（真夏を除く）

大鉢で美しく咲かせてみよう

バルブの数が増え、株が鉢からはみ出し始めたら鉢増し（ひと回り大きな鉢に植え直す作業）を行います。時期は、真夏を除く5〜10月が適しています。1〜2回り大きなプラスチック鉢や素焼き鉢に植え替えましょう。

バルボフィラムは大きな鉢で花を咲かせると、見栄えがとてもよいです。株分けを行ってももちろんよいですが、鉢増しで大きな株に育てるのもよいでしょう。

道具

（右上から）支柱、ハサミ、ビニタイ、ラベル、竹べら、ニッパ、ピンセット、針金。写真のほかに新しい水ゴケ、鉢底網も用意しておく

作業前
- 新芽や根が鉢の外にはみ出している
- 鉢の外にはみ出した新芽からは、根も伸びている 
- 2回りほど大きな鉢にする

① 株元をしっかりと持ち、鉢からゆっくり根を傷めないように取り出す

② 新しく伸びている根を包み込むように、水ゴケを巻きつける（ポイント）
新芽から伸び始めた根を、水ゴケで包むように巻く

③ 新芽が伸びている側に厚めに水ゴケを巻く（ポイント）
新しい水ゴケを新芽側に厚く巻き、生長するスペースを確保する

④ 指で鉢に押し込む。鉢の周りの水ゴケを指で押し、ウォータースペースを作る
水ゴケがバルブにかかっていたら、指で押してかからないようにする

完成
鉢増しが完成した。数日は水を与えなくてもよい

ポイント
- 真夏を除く5〜10月に行う。
- 株が鉢からはみ出したら、鉢増し時期。
- 見栄えのよい大鉢に育ててみよう。

株分けの方法

バルブの数が増えたら行う

5〜10月（真夏を除く）

バルボフィラム / Bulbophyllum

鉢の中にバルブの数が増え、2方向以上に新芽（リード）が伸びてきたら、株分けを行いましょう。

株分けは、鉢増しと同じく5〜10月までが適しています。ただし、真夏は行わないようにしましょう。株分けは新芽が伸びている方向を確認し、その中間にハサミを入れます。分けた株は、プラスチック鉢や素焼きの鉢に水ゴケで植え込みましょう。水ゴケは新芽側に厚く巻くようにします。

道具
（右上から）支柱、ハサミ、ビニタイ、ラベル、竹べら、ニッパ、ピンセット、針金。写真のほかに新しい水ゴケ、鉢底網も用意しておく

作業前
バルブの数が増えてきたら、株分けを行う

❶ 新芽が伸びている方向を確認し、その中間にハサミを入れて分ける
ポイント：新芽が2つの方向に伸びている

❷ ハサミである程度切ったら、手でゆっくりと分ける

❸ 株を2つに分けた状態。水ゴケや根は傷んでいない

❹ 新芽側に水ゴケを厚くまき、生長するスペースを確保する
ポイント：新芽が伸びている側に、多めに水ゴケを巻く

❺ 新芽側に巻いたら、全体にも水ゴケを1周巻く

❻ 鉢の周りを指で押し、ウォータースペースを作る
バルブに水ゴケがかからないように注意する

完成
それぞれ株の周囲に余裕ができ、新芽が生長するスペースが確保できた

ポイント
- 真夏を除く5〜10月に行う。
- 新芽が伸びる方向を確認し株を分けよう。
- 新芽側に水ゴケを厚く巻く。

コルクづけの方法

コルクづけで自生に近い状態に

5〜10月（真夏を除く）

バルボフィラムは、湿気のある密林の大木にコケとともに着生していることが多く、コルクに植えれば自生に近い状態で育てることができます。コルクづけに向いている洋ランは、バルブがある小型の品種で株が増えやすいものです。バルボフィラムも、この条件にマッチしています。コルクには、ビニタイなどの紐で固定します。針金を曲げて作ったピンなどで、固定することもできます。

道具

（右から）支柱、ハサミ、ビニタイ、ラベル、竹べら、ニッパ、ピンセット

1 株元をしっかり持って、根を傷めないよう鉢から出す

2 コルクに付けるために、水ゴケを落としていく

ポイント

作業前 葉にツヤがあり、バルブにもハリとツヤがある元気な株を選ぶ

3 水ゴケをある程度落とした状態。株元には水ゴケが多めに残るようにする

4 根を広げて、コルク板の真ん中から下あたりに株を置く

5 株がずり落ちないように、ビニタイでコルクに固定する

ビニタイは裏側でねじって固定する。ずり落ちそうな場合は、2本で固定してもよい

6

完成 この後、コルク板に穴を開け、針金などで吊るして栽培する

エピデンドラム

花の先端が尖っていることから、「スターオーキッド（星の蘭）」と呼ばれ親しまれているエピデンドラム。中南米を中心に、約1200種の原種があります。近年では、3ヵ月以上も花を咲かせる比較的安価な種が登場し、注目されています。

Epidendrum

186〜189	品種カタログ
190	栽培早見表
191	原産地と花の特徴
192	よい株の条件
192	置き場所
193	水やり
193	肥料やり
193	花茎切り
194	鉢増しの方法
195〜196	株分けの方法

レボルタム
Epi revolutum 原

花期：春　花径：2〜2.5cm　株高：30〜40cm
温度 並　湿度 高　日照 並

原産地：ブラジル
標高：800〜1000m

特徴：エピデンドラムでは珍しい下垂性で、長く垂れ下がる種です。花は2〜2.5cmほどでブルーっぽいピンクです。水を好みます。

コーディゲラ
Enc.cordigera 原

花期：春　花径：3〜4cm　株高：20〜30cm
温度 並　湿度 並　日照 強

原産地：南米
標高：800〜1000m

特徴：卵大のバルブを持ち、葉は大きくなります。花は褐色から紫赤色と個体差があり、1花茎に10〜30輪ほど付きます。冬場の水やりは控えめにします。

コクレアタ
Epi.cochleata 原

花期：春
花径：4〜5cm
株高：15〜20cm
温度 並　湿度 並　日照 強

原産地：南米
標高：1500m

特徴：株は卵大で葉は薄く柔らかく長く、花は比較的大きく独特のリップを持っています。1花茎に1〜2輪ほど着花します。強光は避けます。

セントラデニウム
Epi.centradenium 原

花期：春
花径：1〜1.5cm
株高：15〜25cm
温度 並　湿度 並　日照 並

原産地：南米
標高：1500m

特徴：株は小型で細く、1花茎より小輪の美しいピンクの花を15〜20輪ほど付けます。株立ちがよく大株作りに適した品種です。乾燥にも強いです。

温度：高 適温20〜30℃、並 適温13〜25℃、低 適温8〜20℃　湿度：高 多湿を好む、並 やや多湿を好む、低 やや乾燥を好む　日照：強 日光を好む、並 やや日光を好む、弱 弱光を好む

エピデンドラム *Epidendrum*

ビッテリアナ
Epi.viteliana

花期：春　花径：3～4㎝　株高：20～25㎝
温度　湿度　日照
並　並　強

原産地
南米
標高：1500m

特徴：バルブは小型で親指大の大きさで、15～20㎝の葉がつきます。花は非常に濃いオレンジ色で蝋質花弁、1花茎に5～20輪ほど着花します。

ランディ
Enc.randii

花期：春
花径：3～4㎝
株高：20～30㎝

温度　湿度　日照
並　並　強

原産地
南米
標高：1000m

特徴：バルブは球状で細く長い葉を持ちます。花は褐色から黄色で、花茎を30㎝ほど伸ばして3～5輪、咲かせます。冬は乾燥を好みます。

エロンガタム
Epi.elongatum

花期：春
花径：2～2.5㎝
株高：20～25㎝

温度　湿度　日照
並　並　強

原産地
南米
標高：600～800m

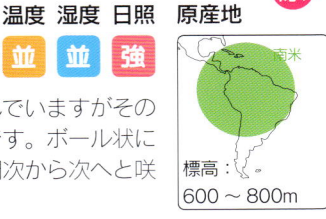

特徴：近年に交配が進んでいますがその親になった種のひとつです。ボール状に付く花は美しく、長い間次から次へと咲き続けます。

ミラクル バレー 'アイコ'
Epi.MiracleValley`Aiko'

花期：春　花径：2～2.5㎝　株高：20～25㎝
温度　湿度　日照
並　並　強

特徴：株は20～25㎝と比較的小型の部類ですが花茎は30～40㎝と長く伸びます。花は紫が非常に濃い赤で非常に目立つ品種です。

187　原：原種

プリズムバレー x スターバレー
Epi(Prism Valley x Star Valley)'Kagaribi'

花期：春
花径：2～2.5cm
株高：15～20cm

温度 湿度 日照
並　並　強

特徴：最新の小型の品種で、株は15～20cmです。花は2～2.5cmと小さめですが、濃い黄色の花をたくさんつける小型のタイプです。

ファンタシー バレー 'スターバースト'
Epi Fantasy Valley 'Star Burst'

花期：春　花径：2～2.5cm　株高：30～50cm
温度 湿度 日照
並　並　強

特徴：最新の品種で、花は大きく濃い赤オレンジ色です。見事なほどボール状にたくさんの花を付けます。リップは濃い黄色で、株は30～40cmです。

ブラクテッセンス
Enc.bractescens

花期：春
花径：3～4cm
株高：20～30cm

温度 湿度 日照
並　並　強

原産地　原
南米
標高：1500m

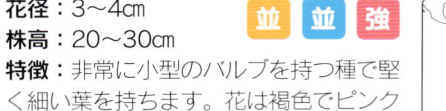

特徴：非常に小型のバルブを持つ種で堅く細い葉を持ちます。花は褐色でピンクのリップを持ち、1花茎に3～5輪付けます。冬は特に乾燥させます。

アモフィラム
Epi.amophylum

花期：春
花径：2～3cm
株高：30～40cm

温度 湿度 日照
並　並　強

原産地　原
南米
標高：500～800m

特徴：非常に堅い2枚葉で、上に伸びていきます。花は蝋質花弁で、3～5輪ほど咲きます。花もちは非常によく、水を好む種です。

温度：高 適温20～30℃、並 適温13～25℃、低 適温8～20℃　湿度：高 多湿を好む、並 やや多湿を好む、低 やや乾燥を好む　日照：強 日光を好む、並 やや日光を好む、弱 弱光を好む

エピデンドラム *Epidendrum*

パニクラタム
Epi.paniculatum

花期：春　花径：2～2.5cm　株高：20～30cm
温度　湿度　日照
並　並　強

原産地：南米　標高：1500m

特徴：葉は柔らかく、バルブは40cmほどになります。レボルタム同様の性質があり、花はグリーンの蝋質花弁で、リップは白の下垂系です。

フロリバンダ
Epi.floribundum `Miya'

花期：春
花径：2～3cm
株高：30～35cm
温度　湿度　日照
並　並　並

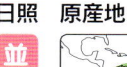

原産地：南米　標高：600～800m

特徴：葉は堅く細長くて、花は株元から20～30cm伸び、1花茎に10～30輪枝を打って咲きます。花はグリーン色で蝋質の花弁をもって、花もちもよいです。

シリアレ
Epi.ciliare

花期：春
花径：5～7cm
株高：15～20cm
温度　湿度　日照
並　並　強

原産地：南米　標高：600～800m

特徴：株は20cmほどで、バルブは堅く細長いです。葉は薄く長く、花はグリーンの星型で大きく、1花茎に2～3輪付けます。冬場は乾燥を好みます。

パーキンソニアナ
Epi.parkinsoniana

花期：春
花径：10～12cm
株高：30～35cm
温度　湿度　日照
並　並　強

原産地：南米　標高：600～800m

特徴：堅く厚い葉は20～25cmあり、下垂します。花はグリーンの大きな花でリップは白く、花茎は5～10cm伸び、1花茎に2～3輪着花します。

原：原種

栽培早見表　エピデンドラム　*Epidendrum*

	1	2	3	4	5	6	7	8	9	10	11	12
生育状態		2〜6月 生育と充実期 春から秋にかけて生長する					開花期 2月頃から6月頃まで 5〜12月					
置き場		1〜4月 室内			5〜10月 屋外						11〜12月 室内	
陽当たり（遮光率）	1〜3月 0%			4〜5月 50%		6〜8月 50%			9〜10月 50%		11〜12月 0%	
植替時期					5〜7月 鉢増し⇒194ページ 株分け⇒195ページ				9〜10月			
水やり	1〜3月 冬季でも乾く前に水を与える			4〜5月 春と秋は毎日朝水を与える		6〜8月 夏は毎日夕方たっぷり水を与える			9〜10月 春と秋は毎日朝水を与える		11〜12月 冬季でも乾く前に水を与える	
肥料				4〜5月 春先から屋外に出し有機肥料を施す					9月 秋にも施す			
消毒				4〜12月 月に一度定期的な消毒が必要 8月は避ける								

置き場所：春（5月頃）から屋外に出し、やや日かげで管理します。また秋（11月頃）早朝の最低温度10℃を目安に室内に入れます。

温度：品種によりますが平均的に最低温度10℃を目安に考えるとよい結果が出ます。

水やり：春と秋は毎朝、夏は毎日夕方たっぷり水を与えます。冬でも乾く前に与えます。

肥料：春先にたっぷり施す。有機肥料（油粕や骨粉）や液肥（1000倍液）を充分に施すとよい。

消毒：春先から秋口に屋外へ置くため、病害虫が外部より来る恐れあり。1ヵ月に1回ほど殺虫剤・殺菌剤を与える。また秋口、充分な消毒をしてから室内に取り入れる。

植込材料：素焼き鉢／水ゴケ

原産地：メキシコから北部アルゼンチンにかけての中南米に生息している。岩場や地面に地生するものから、大小の樹木に着生するものまでさまざま。

中南米

原産地と花の特徴

多様な種を持つ「星の蘭」

エピデンドラムは中南米に約1200の原種があります。花の先端が尖っていることから、別名「スターオーキッド（星の蘭）」とも呼ばれています。

種が多いため、株の大きさや花数などはさまざまですが、大きく2つのタイプに分けられます。ひとつは細長いバルブを持ち、葉を左右に伸ばし先端に花をつけるタイプで、比較的湿度の高いやや高地に自生しています。

もうひとつは円形のバルブを持ち、非常に乾燥に強いタイプでエンシクリアと呼ばれます。

エピデンドラムは、比較的光を好む性質があり、特に冬場には直射の強い光を当てるようにします。近年では、3ヵ月以上花を咲かせる比較的安価な種から、高価な希少種までが販売されています。

海抜500～1000mの山岳地帯の岩場や地面、樹木に自生している

エピデンドラムの仲間

●基本種
- エピデンドラム（Epidendrum）
- ブラクテッセンス（Enc.bractescens）
- コーディゲラ（Enc.cordigera）
- ランディ（Enc.randii）
- レボルタム（Epi revolutum）
- アモフィラム（Epi.amophylum）
- セントラデニウム（Epi.centradenium）
- シリアレ（Epi.ciliare）
- コクレアタ（Epi.cochleata）
- エロンガタム（Epi.elongatum）
- フロリバンダ（Epi.floribundum`Miya'）
- パニクラタム（Epi.paniculatum）
- パーキンソニアナ（Epi.parkinsoniana）など

株丈も数センチの小型種から、1m以上のものまでさまざま

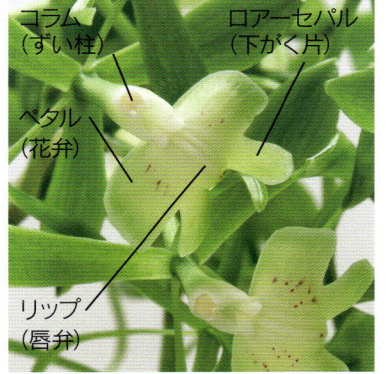

- コラム（ずい柱）
- ロアーセパル（下がく片）
- ペタル（花弁）
- リップ（唇弁）
- ステム（花茎）
- リーフ（葉）
- 根

よい花を咲かせるポイント

- ●夏は朝晩2回、水やりをします。特に夕方は多めに与えます。
- ●秋から春までは直射に当て、風通しがよい場所に置きます。
- ●冬はやや加温します。10℃以上の場所に置くと2月頃から花が咲き始めます。
- ●冬場でも葉が生長します。葉の枚数が左右10枚以上つくと開花が見込めます。
- ●秋に一度、有機肥料を与えると花つきがとてもよくなります。
- ●花が次々に咲くため、開花時期にも液肥を与えると長期間、花が楽しめます。

よい株の条件

開花株は肥料不足に注意する

購入するときは葉やバルブにハリとツヤがあり、葉の枚数やバルブの数が多いものを選びます。同じ種類の株に比べて葉の色が薄く、バルブが細い株などは避けるようにしましょう。

エピデンドラムは開花期である春に多く販売されていますが、肥料が不足して弱っている場合があります。花を楽しんでいる間でも液肥を施すと、花が次々に咲き長く楽しむことができます。

悪い
葉が黄色に変色している。葉の枚数が少ない

悪い株は葉の枚数が少なく、黄色や黒のシミがある。バルブにも元気がない

よい
葉にハリとツヤがある。葉の枚数が多い

よい株は葉の枚数が多く、葉やバルブにツヤがある。株が全体的に元気なものを選ぶ

株の本数が多い

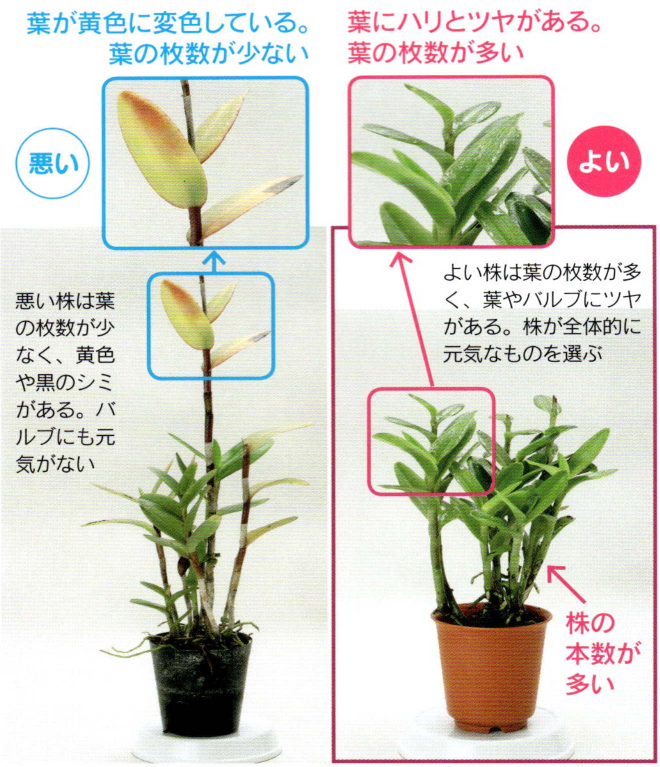

置き場所

夏→屋外、冬→室内

冬は強い直射日光を当てる

春から秋（5〜11月）までは屋外に出し、やや日かげ（50％遮光）で栽培します。

冬から春先（12〜4月）にかけては、強い直射日光を当てて栽培することがポイントです。冬場に暗い場所に置くと花つきがとても悪くなり、葉が伸びすぎてしまいますので注意しましょう。また、冬場は10℃以上の場所で栽培すると、2月頃から花を楽しむことができます。

春〜秋
屋外の直射日光が当たらない
やや暗い場所で管理

5〜11月は屋外のやや暗めの、風通しのよい場所で管理する

冬〜初春
冬場は室内の直射日光がよく当たる場所に

特に冬場は、直射日光がよく当たる窓辺などに置いて栽培する

192

水やり

夏場は毎朝夕、たっぷりと

7～9月→毎朝夕
11～3月→乾く前に

春先（5月中旬）からは、毎日夕方、水やりを行います。夏場（7～9月）には鉢の中の乾き具合を常に確認するようにしましょう。乾く前に毎朝夕、たっぷりと水を与えます。特に夕方は、多めに灌水するとよいでしょう。冬場にも、乾く前に水を与えるように管理しましょう。

春から秋はたっぷりと灌水する。冬場も乾燥する前に灌水を

肥料やり

夏場は肥料を与えず管理

4～7月、9～10月

エピデンドラムは比較的肥料を好みます。春先に屋外に出したら、固形の有機肥料を施します。夏場は灌水のみとし、秋（9月）にまた固形肥料を1回施すと、花つきがよくなります。開花期も液肥を施すと、長く花が楽しめます。

夏場を除く春から秋に有機肥料を充分に与える。肥料は、株からできるだけ離して置く

エピデンドラム　Epidendrum

花茎切り

先端の葉の付け根から切る

2～6月

エピデンドラムはバルブから左右に葉を伸ばし、先端の葉の付け根から花茎を伸ばして花を咲かせます。近年では3ヵ月以上次々と花を咲かせる、花もちのよい原種を改良したタイプも販売されています。エピデンドラムは、花が咲いている間でも液肥を施して、長く花を楽しむことが可能です。

開花期は2～6月頃までですが、花が枯れ始め、傷みが目立ってきたら花茎切りを行いましょう。花茎切りを行うと、新芽の生長に栄養をまわすことができます。

❶ 先端の葉の元から伸びた花茎を、なるべくつけ根から切り落とす

❷ 花茎切りを行うことで、新芽の生長などに栄養をまわすことができる

鉢増しの方法

バルブが増えてきたら鉢増し

5〜10月（真夏を除く）

春から夏にかけて、新芽が多く伸びてきます。バルブが増え、株が鉢からはみ出しそうになったら、鉢増し（ひと回り大きな鉢に植え直す作業）を行いましょう。作業時期は、真夏を除く5〜10月が適しています。

乾燥を防ぐためにプラスチック鉢に植えたり、素焼き鉢に植えたりします。また、植え込み材は保水力が高い水ゴケがもっとも適しています。

道具

（右上から）支柱、ハサミ、ビニタイ、ラベル、竹べら、ニッパ、ピンセット、針金。写真のほかに新しい水ゴケ、鉢底網も用意しておく

① 竹べらで、鉢からゆっくりと根を傷めないように取り出す

竹べらを水ゴケと鉢の間に入れ1周し、竹べらで持ち上げる

株が増え鉢の中が込み合っている

② 鉢から取り出したら、傷んだ根などがないか確認する

③ この株は傷んだ根などがないため、新しい水ゴケを上から巻いていく

④ 水ゴケは、バルブにかからないように全体に均等に巻きつける

ポイント
周りに水ゴケを均等な厚さに巻きつける

⑤ 1〜2回り大きな鉢に、指で押し込みながら株を植えつける

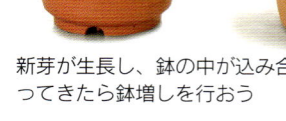

指で鉢の周囲を押し込み、ウォータースペースを作る

完成
鉢増しが完成した様子。数日は水を与えなくてもよい

ポイント

- 真夏を除く5〜10月に行う。
- 株が鉢からはみ出したら、鉢増し時期。
- 植え込み材は水ゴケが最適。

1〜2回り大きい鉢にする

作業前
新芽が生長し、鉢の中が込み合ってきたら鉢増しを行おう

エピデンドラム / Epidendrum

株分けの方法

バルブの数が増えたら行う

5〜10月（真夏を除く）

株が生長しバルブの数が多くなってきたら、株分けを行います。

株分けは鉢増しと同じく、真夏を除く5〜10月が作業時期ですが、花が終わり新芽が伸び始める春先が、もっとも適しています。

1つの株が、3〜5バルブになるように株分けするとよいでしょう。乾燥を防ぐためにプラスチック鉢や素焼き鉢に植えます。また、植え込み材は保水力が高い水ゴケを使用します。

道具

（右上から）支柱、ハサミ、ビニタイ、ラベル、竹べら、ニッパ、ピンセット、針金。写真のほかに新しい水ゴケ、鉢底網も用意しておく

ポイント
- 新芽が伸びる春先が最適期。
- 1株が3〜5バルブになるように分ける。
- 植え込み材は水ゴケが最適。

作業前　バルブの数が増え、鉢の中が窮屈になっている

① 竹べらをバークと鉢の間に入れ1周し、竹べらで持ち上げる

株を持ち上げるときは、根を傷めないようゆっくりと

② 鉢から株を抜き出した状態。この株は、植え込み材のバークが傷んでいる

③ 根にハサミを入れ、株を均等に分けていく

④ ポイント ある程度ハサミを入れたら、手でゆっくりと株を分ける

3〜5株を目安に均等に分ける

株分けは、新芽が伸び始める春先に行うとよい

6 ポイント

水で洗いながら古くなったバークを落とす

バークは傷んで細かくなっているため、水で洗いながら落とすとよい

5 ほぼ同じ大きさに、5つの株に分けることができた。この後、根などを整理する

7 **根を包み込むように、水ゴケを均等な厚さに巻く**

保水力の高い水ゴケで、根を包み込むように巻く

8 新しい鉢を用意し、水ゴケを巻いた株を植え込んでいく

9 新しい鉢には、鉢底の穴をふさぐように鉢底網を敷いておく

完成 5つの株すべてを、新しい鉢に植えた状態。それぞれ鉢の中に生長する空間ができた

リカステ

Lycaste

美しい三角形の花が特徴的なリカステは、白や濃赤、褐色など、花の色も豊富です。近年では大型系と小型系を交配した、丈夫で大きな花を咲かせる種が登場。交配が進むにつれ、暑さに強い種が主流となり、日本でも愛好家が増えつつあります。

198～199	品種カタログ
200	栽培早見表
201	原産地と花の特徴
202	よい株の条件
202	置き場所
203	水やり
203	肥料やり
203	病害虫
204	鉢増しの方法

ショーナン ビート
Lyc.Shonan Beat

花期：冬〜春
花径：12〜15cm
株高：30〜40cm

温度 湿度 日照
低 並 強

特徴：最新の交配でよい花が多く出ます。特に色彩は今までとは異なるコントラストで、花も大きく丸いです。花弁の展開も非常によいです。

エリザベス パウエル'ヨーコ'
Lyc Elizabeth Powell`Yoko'

花期：冬〜春
花径：10〜12cm
株高：30〜40cm

温度 湿度 日照
低 並 強

特徴：最新の大型大輪整形花で、花は濃い赤色です。花弁は広く、そしてまるく、非常に迫力があり、大株にすると見事なほど花を付けます。

アロマティカ
Lyc aromatica

花期：冬〜春
花径：3cm
株高：3Cm

温度 湿度 日照 原産地 【原】
低 並 強

中米
標高：1500m

特徴：グァテマラ原産の原種。花は黄色く、花径は3cmと小さいが1バルブに多数の花を付けます。秋から乾燥させて花芽を出させるのが栽培のコツ。

スキンネリー'ピンク レモネード'
Lyc.skinneri'PinkLemonade'

花期：冬〜春
花径：15〜18cm
株高：30〜40cm

温度 湿度 日照 原産地 【原】
低 並 強

中米
標高：800〜1000m

特徴：以前東京ドームらん展で、グランプリを受賞した銘花です。花の形もよく、大きさもあって見事です。特に独特のピンク色が綺麗です。

温度：【高】適温20〜30℃、【並】適温13〜25℃、【低】適温8〜20℃　湿度：【高】多湿を好む、【並】やや多湿を好む、【低】やや乾燥を好む　日照：【強】日光を好む、【並】やや日光を好む、【弱】弱光を好む

198

リカステ
Lycaste

ショールヘブン
Lyc.Sholhaven

花期：冬〜春
花径：12〜15cm
株高：30〜40cm

温度 湿度 日照
低 並 強

特徴：大型で整形の交配種です。花は12〜15cmと非常に大きく、花付きもよいです。花は白からピンク色まで出る人気のある交配種です。

トリカラー
Lyc tricolor

花期：冬〜春
花径：7〜8cm
株高：30〜40cm

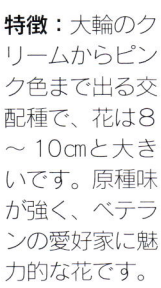

温度 湿度 日照
低 並 強

原産地
中米
標高：1000m

特徴：中米で、メキシコ〜ガテマラに自生する原種です。バルブは巨大になります。花は中型で5〜6cm、5〜10本の花茎を出して豪華に咲きます。

オリンパス'エベレスト'
Angcst.Olympus`Everest'

花期：冬〜春
花径：8〜10cm
株高：30〜40cm

温度 湿度 日照
低 並 強

特徴：リカステ属とアングロア属の交配で、アングロカステ属になり、この品種は特に有名な個体です。花弁が大きく、展開しない性質があります。

ヘンティ
Lyc.Henty

花期：冬〜春　花径：10〜15cm　株高：30〜40cm
温度 湿度 日照
低 並 強

特徴：大輪のクリームからピンク色まで出る交配種で、花は8〜10cmと大きいです。原種味が強く、ベテランの愛好家に魅力的な花です。

原：原種

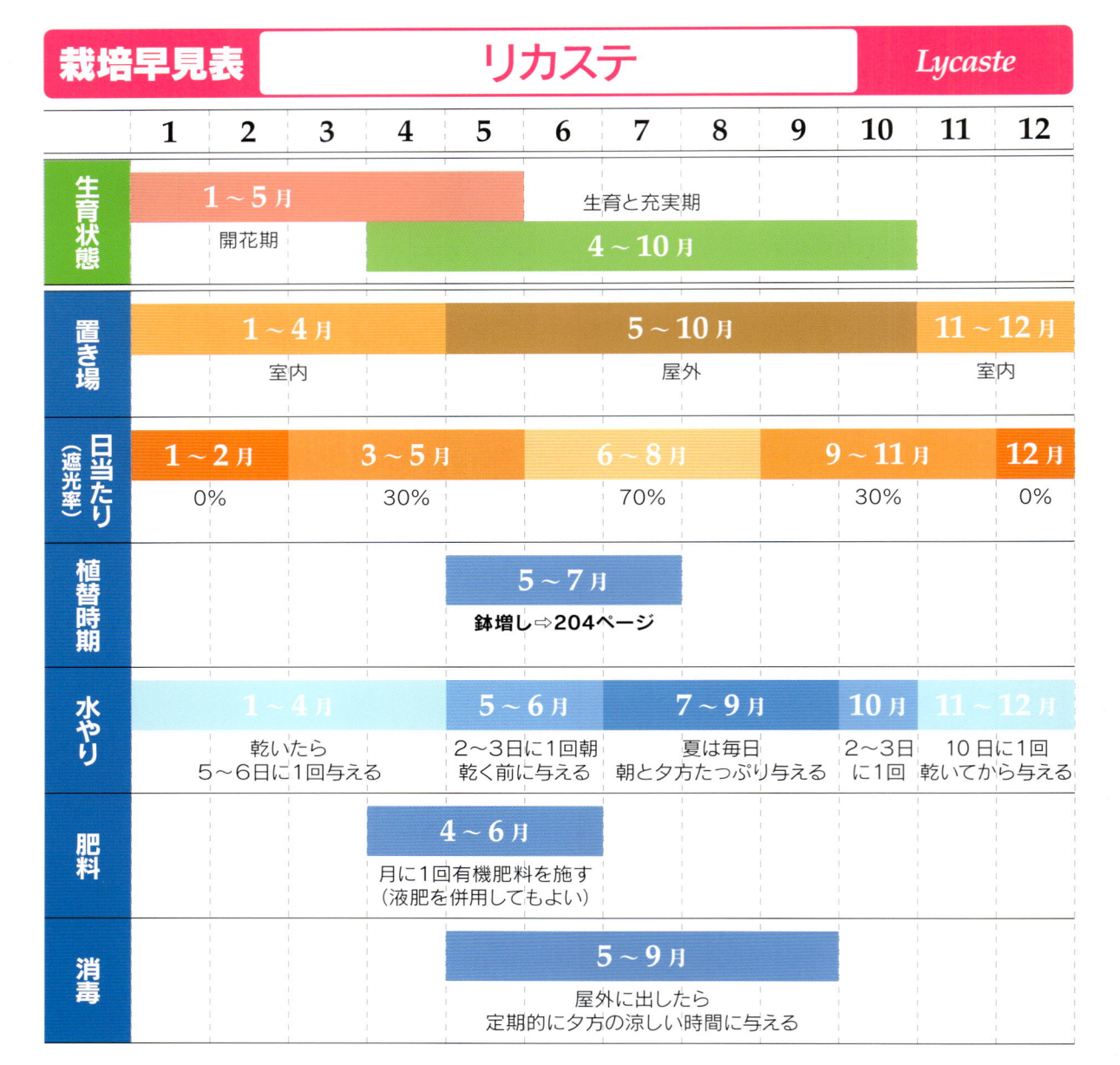

栽培早見表　リカステ　*Lycaste*

	1	2	3	4	5	6	7	8	9	10	11	12
生育状態	1～5月 開花期					生育と充実期 4～10月						
置き場	1～4月 室内				5～10月 屋外						11～12月 室内	
日当たり（遮光率）	1～2月 0%		3～5月 30%			6～8月 70%			9～11月 30%			12月 0%
植替時期					5～7月 鉢増し⇒204ページ							
水やり	1～4月 乾いたら5～6日に1回与える				5～6月 2～3日に1回朝乾く前に与える		7～9月 夏は毎日朝と夕方たっぷり与える			10月 2～3日に1回	11～12月 10日に1回乾いてから与える	
肥料				4～6月 月に1回有機肥料を施す（液肥を併用してもよい）								
消毒					5～9月 屋外に出したら定期的に夕方の涼しい時間に与える							

置き場所：冬場は室内に置き春（5月）より秋（9月）までは屋外におきます。風通しのよいやや暗い場所がよいので日の直接当たらない北側の場所におきます。

温度：比較的寒さには強いのですが冬季は10℃以上のよく日の当たる室内に置きます。

水やり：夏はほぼ毎日たっぷり与えます。秋からは10日に1回位、乾き気味がよいです。花芽があがったらやや多めにします。

肥料：5月、6月。液肥は2000倍液を水代わりに施す。

消毒：春先から秋口に屋外へ置くため、病害虫が外部より来る恐れあり。1ヵ月に1回ほど殺虫剤・殺菌剤を与える。また秋口、充分な消毒をしてから室内に取り入れる。

植込材料：
ミックスコンポスト 
水ゴケ

原産地：メキシコ南部からグァテマラ、エクアドル、ペルー北部まで、中南米を中心に自生。低地に生息する小型種や、高地に咲く大型種などがある。

中米

原産地と花の特徴

三角形の美しい花が特徴

リカステは中南米を中心に生息する品種です。小型の低地性種には、20〜30輪の花を咲かせるリカステ アロマティカやリカステ クルエンタなどがあります。高地性種には大型の花を咲かせるスキンネリーなどがあり、計35種の原種があります。その多くは湿気のある樹木に着生するか、または水はけのよい斜面などに地生しています。低地性種は比較的高温に強いのですが、高地性種は暑さに弱く、原種を栽培するときには個々の性質を理解することが重要です。

近年、リカステは改良が進み、大型系と小型系を交配した、丈夫で大きな花を咲かせる種が登場しています。花の色彩も豊富で、白、ピンク、濃赤、褐色などがあり、交配が進むにつれ、夏の暑さに強い種が主流となってきました。日本でも愛好家が増え、2ヵ月以上花を咲かせる種などが人気を集めています。

湿気の多い樹木に着生するか、水はけのよい斜面に地生している（グアテマラ）。
写真提供／田中哲

リカステの仲間

●基本種
リカステ (Lycaste)

●リカステの近縁種
リカステ アロマティカ (Lyc.aromatica)
リカステ クルエンタ (Lyc.cruenta)

エリザベス パウエル 'ヨーコ'
(Lyc Elizabeth Powell`Yoko')
オリンパス 'エベレスト'
(Angcst.Olympus`Everest')
トリカラー (Lyc tricolor)
ヘンティ (Lyc.Henty)
ショールヘブン (Lyc.Sholhaven)
ショーナン ビート (Lyc.Shonan Beat) など

三角形の美しい花が特徴のリカステ。花の色彩も豊富

よい花を咲かせるポイント

● 生長期に当たる6月から10月頃までは屋外へ出し、水と肥料を充分に与えます。

● 大きなバルブが完成する11月頃から極端な乾燥状態にします。バルブにしわができるまで乾かし、よく日に当てることもポイントです。

● 11月以降、水を与えすぎるとせっかく出てきた花芽が腐ってしまうことがあります。

● 花芽が10cmくらい伸びたら、やや水を多く与えると、しっかりとした大きな花が咲きます。

● 花芽が伸びつぼみが膨らみ始めたら、つぼみの重みで花茎が折れないよう支柱を立てます。

よい株の条件

葉やバルブにハリがあるもの

購入するときは葉やバルブにハリとツヤがあり、葉の枚数が多いものを選びます。同じ種類の株に比べて葉の色が薄く、葉が落ちてしまっている株などは避けるようにしましょう。

クジが発生しやすく、また乾燥させて管理する秋口にはカイガラムシがつきやすくなります。葉の裏側に病害虫が発生していることがありますので、よく確認し購入するようにしましょう。年間を通してナメるようにしましょう。

悪い
葉が黄色に変色している部分がある。葉の表面にツヤがない

悪い株は葉の枚数が少なく、黄色や黒のシミがある。バルブにも元気がない

よい株は葉の枚数が多く、葉やバルブにツヤがある。全体的にみずみずしい株を選ぶ

よい
葉にツヤがあり、みずみずしい

置き場所

夏→屋外、冬→室内

晩秋からはよく日に当てる

5月になると開花期が終わり、新芽が伸びてきます。朝方の最低気温が10℃を超えるようになったら、屋外に出しましょう。10月頃までは、屋外の風通しのよい場所で管理します。やや暗い場所が適して管理します。

しているため、北側の直接日が当たらない場所に置くとよいでしょう。いっぽう、晩秋から春先（11〜4月）にかけては、室内のよく日が当たる場所で、10℃以上にして管理します。

春〜秋
屋外の直射日光が当たらないやや暗い場所で管理

5〜10月は屋外のやや暗めの、風通しのよい場所で管理する

冬〜初春
冬場は室内の直射日光がよく当たる場所に

11月以降は、直射日光がよく当たる窓辺などに置いて栽培する

リカステ *Lycaste*

水やり

11月からは極端に乾燥を

春から秋（5〜10月）にかけては、充分すぎるほどの水やりを行います。特に7〜9月の夏場は毎朝夕たっぷりと、5〜6月と10月は、2日に1回朝にたっぷりと水を与えましょう。11月からは極端な乾燥を与えます。11〜12月は10日に1回、1〜4月は5〜6日に1回、乾いてから水を与えるようにするとよいでしょう。

水やり 1〜9月 → 毎朝夕 / 11〜12月 → 10日に1回

水やりのサイン

水やり必要 水ゴケが乾いている
プラスチック鉢は水ゴケの表面を確認し、乾いていたら水やりが必要

まだ必要ない 水ゴケが湿っている
プラスチック鉢は水ゴケの表面を確認。湿っている場合はまだ必要ない

水やりの方法

冬〜初春
11月〜12月は特に乾燥させる。

春〜秋
7〜9月の夏場は毎朝夕、たっぷりと水を与える

肥料やり

5〜6月には充分に肥料を

5月になると開花期は終わり、新芽が伸びてくるため、5〜6月は充分に肥料を施します。月に1回以上、固形の有機肥料を施すようにします。2000倍に薄めた液肥を水代わりに施してもよいでしょう。また、10、11月にもやや薄めの液肥を施します。

肥料やり 5〜6月、10〜11月

5〜6月は有機肥料を充分に施す。肥料は株からできるだけ離して置くとよい

病害虫

春先と秋口に消毒をする

春先と秋口の害虫が発生しやすい時期に、病害虫の消毒を1〜2回ずつ散布します。乾燥する秋口にはカイガラムシが発生しやすいため、充分な消毒を行いましょう。また、年間を通してナメクジが発生しやすいため、ときどきナメクジ剤をまくとよいでしょう。

ナメクジ
水をよく与える時期には、ナメクジがつきやすい。ときどきナメクジ剤をまくとよい

鉢増しの方法

5〜7月初旬

花が終わる5月頃が適期

春（5月）になり、外温が15℃を超えるようになったら、鉢増し（ひと回り大きな鉢に植え直す作業）の適期になります。花が終わった株から、鉢増しを行っていきましょう。作業時期は、5〜7月初旬までとなります。

植え込み材は多花性大株やブラキ系は石植え、もしくは軽石とバークのミックスコンポストがよいでしょう。そのほかの品種は水ゴケが適しています。

道具

（右上から）支柱、ハサミ、ビニタイ、ラベル、竹べら、ニッパ、ピンセット、針金。写真のほかに新しい水ゴケ、鉢底網も用意しておく

① 竹べらで、鉢からゆっくりと根を傷めないように取り出す

竹べらを水ゴケと鉢の間に入れ1周し、竹べらで持ち上げる

② 鉢から取り出したら、傷んだ根などがないか確認する

③ この株は傷んだ根などがないため、新しい水ゴケを上から巻いていく

④ ポイント

新芽側に多めに水ゴケを巻く。
葉が伸びている新芽側に水ゴケを厚く巻く。葉が落ちているのが古いバルブだ

作業前

バルブの数が増え鉢の中が窮屈になっているため、鉢増しを行う

⑤ 指で鉢に押し込む。鉢の周りの水ゴケを指で押し、ウォータースペースを作る

完成

鉢増しをしたことで、新芽が生長するスペースを確保することができた

ポイント

- 花が終わった5〜7月初旬に行う。
- 植え込み材は品種に合わせて、水ゴケや軽石を選択する。

洋ラン基礎知識

洋ランは、基本的な栽培のポイントを押えれば、家庭でも美しい花を毎年楽しむことができます。ここでは洋ランの基本的な性質から、日常の栽培管理、必要な道具、栽培にまつわる用語まで、押さえておきたい基礎知識をご紹介します。

洋ラン栽培の基本

洋ランの基本的な特徴を知ろう

"洋ラン"は、実は日本だけの呼び名であることをご存知でしょうか？ 日本で洋ラン栽培が始まったのは、明治時代の頃。それ以前は、中国から伝わったシュンランやカンランといった東洋ランが栽培されていました。この東洋ランと、新しく明治になって持ち込まれたランを区別するために、"洋ラン"という呼び名が付けられたのです。

洋ランの多くは、熱帯から亜熱帯地方を原産としています。そのため、温室がなければ栽培できないと思う方も多いことでしょう。けれど、近年では海外からの低温性品種の導入や交配の進歩によって、特別な設備がなくても育てられる品種が数多く市場に出回っています。またマンションをはじめ住まいの気密性や断熱性が高まり、真冬でも部屋の中は暖かく、室内でも充分に育てられる品種がたくさんあります。最低温度を10℃以上に保つことができれば、本誌で紹介した大半の品種を、高価な温室設備がなくても楽しむことができるでしょう。

●温室なしでも楽しめる

●花の色彩も豊富に

近年、交配が進んだことによるもうひとつのメリットは、花の色彩や形、花数がとても豊富になったことです。花もちがよい品種も多く市場に出回り、大型種から小型種まで、株のサイズも豊富にそろっています。

洋ランは基本的なポイントをしっかりと押さえれば、一般の家庭でも毎年花を咲かせることができます。ぜひ、気軽に洋ランの栽培を楽しんでみてください。

●生育温度を知ろう

洋ランの原種の生息地は、熱帯や亜熱帯地域が中心ですが、実はその多くの種が高温多湿の密林ではなく、雑木林や草原などに自生しています。高地に自生するものも多く、比較的寒さに強い低温性の種も多く存在します。

例えば、セロジネの代表的な交配種「セロジネ インターメディア」は寒さに強く、最低温度が5℃ほどあれば充分冬越しができます。また、セロジネ インターメディアほどの耐寒性はありませんが、シンビジウムやバルボフィラム、バンダなど、近年、交配が進んだことから、寒さに強い低温生の種も多く出回っています。るオンシジウムも比較的寒さに強く、5〜7℃の最低温度で冬越しが可能です。このほか、シンビジ

●着生種と地生種の違い

洋ランには樹木の枝や崖地の壁、岩場などに根を張って、そこにたまった養水分を吸収して生息する「着生種」と、土の中に根を張る「地生種」の2種類があります。着生種は、根が直接空気に触れるのを好むため、水ゴケで素焼き鉢に植え込みます。カトレアやファレノプシス、デンドロビウムなど、ほとんどが着生種です。いっぽう、地生種は腐葉土や砂利、粘土質の地表に根を張るため、水分と養分を好む性質があります。

洋ランの種類

着生種	地生種
樹木の枝や崖地の壁、岩場などに根を張って、そこにたまった養水分を吸収して生息する。カトレア、ファレノプシス、デンドロビウム、バンダ、オンシジウム、セロジネ、バルボフィラムなど。	雑木林や草原の地面に根を張って生息する種類。パフィオペディラム、シンビジウムなど。

生育温度の違い

低温性

熱帯や亜熱帯の高地で、通年の最低温度が5～12℃前後の地域に自生する種が多い。生育期と休眠期がはっきりしている種が多く、水やり・肥料やりにメリハリが必要。温室がなくても室内で冬越しが可能。

高温性

熱帯の低地などで、通年の最低温度が15～20℃前後の地域に自生する。冬場は、温室栽培が理想的。

●高温性の種の特徴

ファレノプシスの原種の大半は、最低温度が15℃以上の高温性の地域に自生しています。小型の種では、低温に強い種もありますが、多くの種では最低温度を15℃以上に保つ必要があります。カトレアも種によって異なりますが、多くの種が冬越しには10℃以上の温度が必要です。また、デンファレの仲間は、冬場でも18℃以上を保って管理します。

これらの高温性の種は、冬場は温室栽培が理想ですが、交配種では耐寒性があるものも多いので、購入するときには最低温度を確かめましょう。また、最低温度が保てない場合は、鉢ごと発泡スチロールやダンボールに入れて、毛布をかけて保温するとよいでしょう。

●単茎性と複茎性の違い

自生環境や生育温度に加えて、洋ランを分類するもうひとつ特徴は、茎の数です。洋ランには、1本の茎が葉を出しながら上に向かって生長する"単茎性"の種と、親の株元から子株（新芽）が横へと伸びる"複茎性"の種があります。

ファレノプシスやバンダは単茎性の種で、通常、肥大しない茎をもちます。1本の茎が上へ上へと向かって伸びていくため、株分けは行うことができません。高芽をときどき出すことがありますので、それを植え替えることで増やすことができます。

複茎性の種は、横へ横へとバルブを出しながら広がっていくため、鉢植えにした場合、鉢から子株（新芽）がはみ出してしまうことがあります。この場合に、鉢増し（ひと回り大きな鉢に植え直し作業）や株分けを行います。その際、新芽側に新しい水ゴケを厚めに巻いて、生長する方向になるべくスペースができるように植えつけます。株分けでは、株をあまり小さく分けすぎないように注意しましょう。

カトレアやデンドロビウム、パフィオペディラム、シンビジウム、オンシジウム、セロジネなどは複茎性の種です。親の株元から子株（新芽）が生じて、1年で生長して開花するという生育サイクルを繰り返します。多くの品種が、茎の一部が肥大して養水分を蓄える"バルブ"と呼ばれる構造を持っています。

単茎性のファレノプシス

複茎性のセロジネ

水やりの基本

生長期は多め、休眠期は少量を

● 成長と休眠期を知る

洋ランには水分を好むもの、乾燥を好むものなどさまざまな種類がありますが、大きく分けると次の3つに分けられます。

● 「水を好む種」…年間を通してたっぷりと水を与える。
● 「通常の種」…生長期には水をたっぷりと与え、休眠期には控えめにする。
● 「乾燥を好む種」…特に休眠期は乾燥気味にする。

バルボフィラムやエピデンドラムなどは、年間を通して比較的水分を好みます。リカステやシンビジウムなどは、休眠期には乾燥気味に管理します。このように品種によってさまざまな特徴がありますが、どの品種にも共通して言えるのは、生長期（春〜夏）には多めに水を与え、休眠期（秋〜冬）には水を控えめにします。

「乾いてから与える」というのは、植え込み材の中心までしっかりと乾いてから与えるという意味。鉢の中が乾き空気が通るようにすることがポイントです。

● 植え込み材をチェック

春から夏の生長期には、株元に近い位置から水を注ぎ、鉢底から流れ出るくらいの量を与えます。こうすることで、鉢の中の空気を入れ替えることもできます。また、たっぷりと酸素を含んだものに入れ替えることもできます。

「植え込み材の表面が乾いたら与える」というのは、植え込み材の芯がまだ湿っているうちに水を与えるという意味です。

秋から冬は、水やりの回数や量を少なめにするのが基本です。

● 霧吹きで湿度を保つ

着生種は休眠期、植え込み材を乾燥気味に管理していても空気中の湿度は保つようにします。株全体に霧吹きで水を散布するのは効果的です。特に乾燥しがちな冬場は、最低でも2〜3日に1回は霧吹きを行いましょう。また、室内に置くときには、暖房の風が直接あたって乾燥しすぎないように注意しましょう。

たっぷり与える

株元に水を注ぎ、鉢の底から流れ出るくらいたっぷりと与える

少量与える

株元に水を注ぎ、やや時間がたってから流れ出るくらいの量を与える

霧吹きの方法

株がしっとりと湿気を帯びるように与える。水滴が流れたら与えすぎ

肥料やりの基本

適切な時期に適量を施すこと

肥料各種
左から、液肥、固形の有機肥料、鉄分を多く含む肥料、リン酸カリ分を多く含む肥料

固形肥料
油かすと骨粉を混ぜて発酵させたものが一般的。ゆっくりと効果が持続する

●固形肥料は効果が持続

水やりと同じく、肥料も生育期にあたる春から秋に適量を施し、休眠期である冬場は肥料を施さないのが基本です。

通常、鉢の表面に置き肥として使用するのが固形肥料です。植え込み材の上に置いておくと、水やりのたびに固形肥料が溶け出し、約1ヵ月間、効果が続きます。置き肥を施すときには、固形肥料の数は鉢の大きさを目安にします。例えば、3号鉢であれば固形肥料を3個、4号鉢であれば4個施すようにします。また、株の近くに置くと根を傷める原因になりますので、株から離して置きます。

固形肥料は、油かすや骨粉を練り合わせて発酵させた、有機肥料が代表的です。それ以外にも、さまざまな種類がありますが、洋ラン専用の肥料も売られています。最初は、専用の肥料を選ぶのがよいでしょう。

●液肥は定期的に施す

固形肥料のほかに、洋ランの栽培では液肥もよく使われます。液肥は濃縮された肥料成分を、水で薄めて施す肥料です。すぐに効果が現れますが、あまり持続性がないため定期的に施す必要があります。一般的に生長期には、1000倍に水で薄めたものを2週間に1回ほど施します。固形肥料と組み合わせると、養分を切らすことなく補給できるでしょう。また、肥料を好む種では2000倍に薄めた液肥を、毎日水やり代わりに施すこともあります。

液肥を購入するときにはラベルを確認して、N（窒素）・P（リン酸）・K（カリ）の含有率が、だいたい同じものを選ぶとよいでしょう。

●肥料の施しすぎに注意

肥料は、一度にたくさん施しても意味がありません。必要なときに適切な量を施すことが重要です。肥料を施しすぎたり、濃度が濃すぎたりすると、根を傷める原因になるので規定量を守ります。特に化成肥料は、施しすぎないように気をつけましょう。

液肥の作り方

1 1000倍液を作るため、5ccの原液をキャップで計って用意する

2 バケツに5リットルの水を用意して、原液を入れる

3 よくかき混ぜて完成。水やりと同じ要領で、ジョウロなどで施す。適量を守ること

洋ラン基礎知識

購入時のポイント
ラベルの見方から株の選び方まで

Paph. bellatulum 'MJ' BM / JOGA
　　　❶　　　　❷　　　　❸　　❹　　❺

❶ 属名／カトレアやファレノプシスなどランの属名の略号。
❷ 種名／原種の場合はすべて小文字、交配種は頭文字が大文字で表記される。
❸ 固体名／その交配種の中でも特に優れた株を表す名で、' 'で表記される。
❹ 賞／洋ランには花の審査制度がある。その入賞結果の略号。
❺ 審査団体／❹の賞を審査する団体の略号。

● ラベルの見方

洋ランを購入するときなど、鉢に付けられた名前を記したラベルを、見たことがある人も多いのではないでしょうか。
洋ランは、交配種の登録制度が確立されており、登録されたすべての洋ランの交配記録が分かるように管理されています。
このラベルがない株は、価値がないといわれるほど重要視されているものです。
ラベルには世界共通の書き方があり、ラベルを見れば属名はもちろん、種名や固体名、交配種の名前、入賞記録などを知ることができます。
つまり、ラベルは単に名前だけでなく、どんな洋ランなのかを知る重要な手がかりなのです。その見方を覚えれば、購入時にも役立てることができるでしょう。

洋ランの属名の略号

略号	属名	日本語表記
Angcm.	Angraecum	アングレカム
Asctm.	Ascocentrum	アスコセントラム
Aergs.	Aerangis	エランキス
B.	Brassavola	ブラッサボラ
Brs.	Brassia	ブラッシア
Bc.	Brassocattleya	ブラッソカトレア
Bulb.	Bulbophyllum	バルボフィラム
C.	Cattleya	カトレア
Coel.	Coelogyne	セロジネ
Cym.	Cymbidium	シンビジウム
Den.	Dendrobium	デンドロビウム
Epi.	Epidendrum	エピデンドラム
L.	Laelia	レリア
Lyc.	Lycaste	リカステ
Milt.	Miltonia	ミルトニア
Odm.	Odontoglossum	オドントグロッサム
Onc.	Oncidium	オンシジウム
Paph.	Paphiopedilum	パフィオペディラム
Phal.	Phalaenopsis	ファレノプシス
Slc.	Sophrolaeliacattleya	ソフロレリオカトレア
S.	Sophronitis	ソフロニティス
V.	Vanda	バンダ

おもな賞の略号

略号	賞名
FCC	First Class Certificate（90点以上）
GM	Gold Medal（90点以上）
AM	Award of Merit（80～89点）
SM	Silver Medal（80～89点）
HCC	Highly Commended Certificate（75～79点）
BM	Bronze Medal（75～79点）

おもな審査団体の略号

略号	審査団体	
JOGA	Japan Orchid Growers Association	日本洋蘭農業共同組合
AJOS	All Japan Orchid Society	全日本蘭協会
AOS	American Orchid Society	アメリカ蘭協会

●よい株の選び方

栽培に失敗しないためには、購入するときにできるだけよい株を選ぶことも重要です。どの品種にも当てはまる、よい株を選ぶポイントは次のとおりです。

1. 葉にハリとツヤがある。
2. 葉の枚数が多い。
3. 根がよく張っている。
4. バルブにハリとツヤがある。
5. 葉が黄色や黒色に変色していない。
6. 病気や害虫がいない。

つまり、葉やバルブがみずみずしく元気な株を選ぶことが基本です。葉が黄色や茶色に変色している株は、病気や害虫が発生している危険性がありますので、避けるようにしましょう。そこで花が咲いているかどうかだけではなく、葉の表面がきれいでも裏側に病害虫が発生していることがあります。購入時には、葉の裏側もよくチェックするようにしましょう。

ることですが、環境が変わるとつぼみが落ちてしまうことがあります。また、花が咲いた株を購入する際には、8割程度咲いている株を選ぶとよいでしょう。洋ランは、1輪の花が咲く期間が比較的長いため、それでも充分に楽しむことができます。

●花が咲いた株から挑戦

初心者の方は、花の咲いた株から購入するのがおすすめです。花が咲いている株は完成された株のため、その後の手入れも比較的簡単に行うことができるでしょう。また、花が咲いているため、確実に自分の好みの株を手に入れることができます。洋ラン全体にいえることですが、花が咲いた株は元気な株は、病気や害虫が発生していないかをよくチェックしましょう。新芽が多い株は元気があるように感じますが、多すぎても養分が分散してしまい花が咲かない可能性があります。充実した元気な新芽が、1〜2個ある株のほうがよいでしょう。

花やつぼみがない株を購入する場合には、以前に咲いたあとがあるか、残っていないかを、株全体をチェックしてみましょう。株によっては花がつきにくいものもあります。以前に花が咲いたあとがあれば、次の年にまた花を咲かせられる可能性も高くなります。生長期に株を購入するときに

●育てやすい品種を選ぶ

初めて洋ランを購入するなら、育てやすい品種から挑戦してみましょう。

育てやすいのは、低温にも強く冬越しが簡単な品種です。オンシジウムやシンビジウム、セロジネの代表的な交配種であるセロジネインターメディアなどは、比較的寒さに強く、育てやすいため人気を集めています。

近年では、交配の進歩によって、さまざまな種で低温に強いものが開発されています。購入する際には、最低温度を確認しながら株を選びましょう。

とはいえ、いろいろな品種に挑戦してみるのも楽しいものです。お店の人に相談に乗ってもらいながら、気に入った1株を探してみましょう。

各品種の購入ポイント

●カトレア
新芽が多く出ているものよりも、しっかりとバルブが育っているものがよい。

●ファレノプシス
贈答用がよく販売されている。贈答花は花もちがよいため、8割以上開花している株を選ぶ。

●デンドロビウム・デンファレ
市販されている品種の約70%が中温性のため育てやすい。デンファレの多くは高温性のため、冬場も18℃以上を保つ必要がある。

●バンダ
購入時には化粧鉢に入っている場合が多いので、花が終わったら鉢から抜き出し根を露出した状態にする。

●オンシジウム
一般的に市販されている品種は寒さに強いものが多く、育てやすい。

●シンビジウム
寒さに強く育てやすい。贈答花としても人気が高く、花もちもよい。

●バルボフィラム
バルブが3〜4個ある株を選べば、ほとんどの株で花を咲かせることができる。

●エピデンドラム
春先に販売されていることが多く、肥料が不足している場合がある。開花株でも購入後、液肥を施す。

鉢の選び方

植え込むランに最適な鉢を

洋ランの植えつけ容器には、素焼き鉢、プラスチック鉢、バスケットなどがあります。どの鉢を使うかは、主に植えるランの特徴によって選びます。

鉢の大きさは、2号（直径6㎝）から、0.5号刻みで販売されています。1号大きくなるごとに、直径が3㎝大きくなります。

●プラスチック鉢

通気性がない分、保水性に優れています。バークやミックスコンポストと組み合わせて、パフィオペディラムやシンビジウムなどを植えつけます。湿気がたまりやすいため、水や多湿を好む種類に適しています。値段も手ごろで耐久性にも優れています。

●素焼き鉢

もっともよく使われる鉢です。鉢そのものに通気性があるため、根に空気が入るのを好む品種に使用されます。

カトレアやファレノプシスなど、着生ランの植えつけには、素焼き鉢がよく使われます。

乾いた状態では肌色、湿っていると茶色に変わるため、鉢の中の水分の状態を見た目で判断することもできます。

●バスケット

細い角材を組み合わせて作った木製のものや、下の写真のようなプラスチック製のものもあります。特に根が空気に触れることを好む種類を、植えつけるときに使用します。その代表的なランがバンダです。

バスケット植えでは根が乾きやすいので、こまめに灌水を行う必要があります。

素焼き鉢　　バスケット　　プラスチック鉢

洋ラン基礎知識

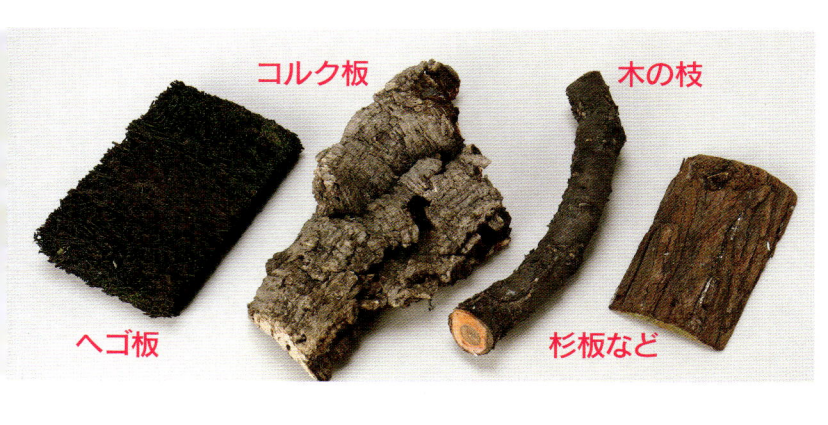

植込み材の選び方

栽培するランの特性から選ぼう

植え込み材は、栽培するランの特性や、植えつける容器、栽培環境などに合わせて適したものを選びましょう。

着生種は素焼き鉢に水ゴケ植え、地生種はプラスチック鉢に軽石やバーク、ミックスコンポスト植えという組み合わせが一般的です。代表的な植え込み材は次の通りです。

●水ゴケ

水もち、肥料もちに優れ、もっともよく使われる植え込み材です。着生種の植えつけに多く用います。植え込む固さによって、保水力や根にあたる空気の量を調節できるのも特徴。ただし傷みやすいため、鉢増しや株分けのときなど、2〜3年ごとに新しいものに取り替えるようにしましょう。

●バーク

針葉樹などの樹皮（木くず）を砕いて、堆積発酵させたもの。通気性がよいのが特徴です。単体で使用するか、砂利などと混ぜて使うこともあります。近年では、さまざまな品種の植え込み材として、使われるようになっています。

●砂利系

ひゅうが土、硬質鹿沼、硬質赤玉、軽石などをブレンドしたものが一般的。大きめの石を鉢底に入れれば、水はけがよくなります。

●ヘゴ板

ヘゴという木立性のシダ植物の茎を乾燥させ、板状に加工したものです。おもに着生種の自生地を再現するように、ヘゴ板につけて栽培します。

●コルク板

ヘゴ板と同じく、樹木に着生するランの自生地を再現するように植えつけます。空気中に根がさらされるため、根が腐りやすい品種の栽培などに適しています。

●木の枝

ヘゴ板やコルク板と同じように、表面がでこぼこした木の枝に植えつけることもできます。凹凸が多い、柳や桜、梅、柿などの枝が、植えつけには向いています。

●杉板など

ヘゴ板やコルク板をわざわざ園芸店で購入しなくても、身近にある杉板などで代用することができます。樹皮がついて表面がでこぼこしている板が、植えつけには向いています。表面がでこぼこしていることで、株が根を張りやすくなるからです。ヘゴ板と同じく、着生種を植えつけます。

バーク
砂利系
水ゴケ

コルク板
木の枝
ヘゴ板
杉板など

必要な道具や資材

園芸店で道具をそろえよう

洋ランの栽培に必要な道具や資材は、それほど数は多くありません。また特別な道具や資材も少なく、園芸店に売られているものがほとんどです。ぜひ、道具をそろえて、洋ランの栽培に挑戦してみましょう。

① 植木バサミ

どんな植物を栽培する場合でも、必要となるのがハサミです。花茎切りをはじめ、根の整理や株分け、傷んだバルブを切るときなど、頻繁に使用します。園芸用でしっかりと握れるサイズのものを選びましょう。

② ニッパ

支柱を切ったり曲げたりするのに重宝します。ヘゴ板やコルク板などを吊るす際の針金曲げなどにも使います。

③ 竹べら

鉢増しや株分けの際、鉢から株を取り出すときに使用します。水ゴケを鉢に押し込むときにも使えます。竹べらがない場合には、使わなくなった食卓用のナイフでも代用できます。

④ ピンセット

鉢増しや株分けで、水ゴケなどを取り除くときに使用します。また、除草などの細かな作業にも便利。園芸用以外でもよいので、使いやすいものを探しましょう。

⑤ 針金

ランを植え付けたヘゴ板やコルク板を吊るす部分に使用します。短く切ってコの字型に曲げ、株をヘゴ板やコルク板に固定するピンとしても使うことができます。

⑥ 支柱

花茎が折れないように支えたり、バルブを支えるときに使用します。さまざまな太さ・長さ・硬さがあるため、株の大きさや形状にあったものを選びましょう。針金と同様に、ヘゴ板などを吊るす部分に使うこともあります。

⑦ ビニタイ

細いワイヤーを平らなビニールでコーティングしたひも状のもの。株を支柱に結ぶときに用います。

⑧ ラベル

洋ランでは、名称が分かることが重要視されます。鉢増しや株分け、新しい株を増やしたときなどには、忘れずにラベルをつけましょう。文字が消えないように、専用のラベルを使用します。

水ゴケのもどし方

頻繁に使う水ゴケの特徴も紹介

洋ラン基礎知識

本書のなかで、鉢増しや株分けの植え込み材として頻繁に紹介している水ゴケは、洋ラン栽培ではもっともポピュラーな植え込み材です。水ゴケは湿地に生息するコケ類を乾燥させたもので、水もち、肥料もちに優れます。また、水ゴケ自体にも養分が含まれ、基礎肥料にもなります。

水ゴケは洋ランのなかでも、着生種の植え付けによく用います。素焼き鉢との組み合わせで使用するのが一般的。植え込む固さによって、保水力や根にあたる空気の量を調節できるのも特徴です。水ゴケを多めに入れ固く植え込めば早く乾燥し、逆に少なめの量でやわらかく植え込めば、水もちがよくなります。ただし水ゴケは傷みやすいため、鉢増しや株分けのときなど2～3年ごとに、新しいものに取り替えます。

ポイント
- 着生種の植え込みによく使用する。
- 植え込む量で水もちが調整できる。
- 水につけて戻す必要あり。

① バケツやたらいに水を用意して、必要な量の水ゴケをその中に入れる

② 水ゴケは全体に水分がしみこむように、数回裏返す

③ 2～3分で水が浸透する。水分が多い場合は、ふんわりとなるように絞る

作業前 購入時には水ゴケは圧縮されているので、水で戻す作業が必要

完成 適度な水分を含み、やわらかい状態になったら完成

夏と冬の越し方

洋ランが好む環境づくりが大切

●夏越しの仕方

洋ランは熱帯や亜熱帯地域が原産地ですが、その多くが樹木のかげなどの風通しがよい場所に自生しています。日本の夏は洋ランにとっても暑く、直射日光に当たって、乾燥しすぎると葉が傷む「葉やけ」を起こすこともあります。

そのため多くの種は、風通しのよい樹木の下などの日かげに吊るしたり、軒下などで棚の上において夏越しを行います。

木に吊るすことができない場合は、下段右の写真のように軒下に棚を置いて、寒冷紗などで遮光を行うとよいでしょう。本書ではそれぞれの品種の「栽培早見表」に、

上手な夏越しのポイント

- ●多くの種が風通しのよい場所を好みます。
  木の下に吊るしたり、棚の上に置いて管理します。
- ●大半の種が直射日光が苦手です。
  木かげや軒下に置くか、寒冷紗などで遮光しましょう。
- ●屋外で長雨にあたると、株が傷む原因に。
  3日雨に当たったら、3～5日は雨の当たらない場所へ移動させます。
- ●ベランダでは、コンクリートの上に直接鉢を置くのではなく、すのこや棚の上に置くようにします。

遮光率を示していますので、参考にしてください。

●冬越しの仕方

近年、海外からの低温性の品種の導入や交配の進歩によって、寒さに比較的強いランが増えてきていますが、大半の種は日本の冬を屋外で越すことはできません。10月を過ぎた頃から、寒さに弱い種から順に室内に取り込みます。室内に移してからは、置き場所や温度管理に気をつけて冬越しをしましょう。なかでも高温性の品種は、下段左の写真のような温室に入れて管理するのがベストです。

上手な冬越しのポイント

- ●日中、窓辺で日に当てる場合は、日が傾くと窓辺は急に寒くなるため、部屋の奥に移動させます。
- ●室内で最低温度が保てない場合は、鉢ごと発泡スチロールやダンボールに入れて、毛布をかけて保温するとよいでしょう。
- ●暖房の風が直接ランにあたると、乾燥しすぎて弱ってしまう原因に。
  霧吹きで水をかけ、湿度を保つと効果的です。
- ●気温が高い日中に、窓を開けて定期的に換気を行いましょう。

夏は棚の上などの風通しがよい場所で管理（写真上）。高温性の種は、冬場は温室で管理するとよい（写真左）

洋ラン基礎知識

病害虫の対策

もし発症したら、早めに対処を

病害虫を防ぐためには、その株に適した環境で丈夫に育てることが大切です。株が健康的であれば、病害虫はつきにくくなります。

その上で注意するのは、春から秋口にかけて。この時期は、屋外で栽培するため病害虫が発生しやすくなります。定期的に殺虫剤や殺菌剤を散布しましょう。湿度が高い梅雨も病害虫がつきやすいので、気をつけて管理をします。また秋口、室内に取り込む前には、充分な消毒を行うと効果的。多くの株を栽培する場合は、鉢と鉢の間隔を広くして風通しをよくすることも大切です。

カイガラムシ

ナメクジ

マイマイ

腐敗病

葉枯病

●カイガラムシ

貝殻のような形をした小さな虫。白い粉をふいているコナカイガラムシは自由に移動します。葉の重なった部分や葉鞘につきやすく、発見したら先の尖ったものなどで取り除き、薬剤を散布します。

●ナメクジ、マイマイ

どちらも湿気が多い梅雨などに発生。昼間は鉢の下に潜み、夜になると出てきて新芽やつぼみを食べてしまいます。ときどき殺虫剤をまいて予防しましょう。見つけたら捕殺し殺虫剤をまきます。

●腐敗病

葉の先などが茶色から黒褐色になり、ひどい場合はバルブまで腐敗してしまいます。多湿時に起こりやすい病気です。見つけたら新しい植え込み材に植え替えます。

●葉枯病

葉の先から枯れ始め、病気が進むと葉全体が枯れてしまいます。腐敗病、葉枯病ともに、戸外管理の時期に定期的に殺菌剤を散布して予防します。

主な病害虫と対処法

	症状	予防と対処法
軟腐病	茎のつけ根などが茶色から黒褐色に水を含んだように腐ってくる。多湿時に出やすい	屋外管理に切り替える時期に、殺菌剤を全体にまんべんなく散布する。真夏を過ぎたら、10日に1回ほど殺菌剤を散布するとよい。発症したら病気の箇所を切り取って、殺菌剤を散布する
斑点病	葉に小さな黒い斑点ができ、中心部から枯れていく。低温時に出やすい	
スス病	葉がススをかぶったように黒くなる。アブラムシやカイガラムシの排泄物が原因	
スリップス	別名アザミウマという体長1～2mmの虫。花弁の重なった部分を食害する	つぼみが開き始める頃に薬剤を散布する。見つけたら捕殺する
アブラムシ	草花全般につく害虫。汁液を吸って植物を弱らせる。スス病の原因にもなる	風通しをよくして予防する。見つけたら布やセロハンテープで捕殺し、薬剤を散布する
ハダニ	肉眼では確認できないが、必ず葉裏に発生する。被害を受けると葉がかすれたり、まだらになる	葉裏をよく観察して、葉色の変化を見逃さないこと。風通しをよくして予防する

交配のポイント

人工授粉を行い子孫を残す

洋ランでは、株どうしを掛け合わせて、子孫である交配種を残します。交配では、開花した株（花粉親）から花粉をとり、別の株（母株）に授粉を行い種を実らせます。作業では自家授粉をしないように、母株の花粉をあらかじめ取り除いておくのがポイント。交配後は、掛け合わせた株を明記したラベルを、忘れずに取り付けましょう。授粉から、数ヵ月後には種が実ります。この種をとって育てるのですが、洋ランの場合、種をとる時期の見極めが難しく、また無菌状態で、種を播く必要があります。そのため、花粉をつけた以降の作業は、専門家に依頼することもあります。

交配ではここに注意

- 母株の花粉はあらかじめ取り除き、自家授粉を防ぐ。
- 授粉後はラベルを忘れずにつけよう。
- 花粉は先の尖ったつまよう枝などで取り出すとよい。

（花の図の説明：ドーサルセパル／ペタル／ロアーセパル／リップ）

① リップを開くと、根元にずい柱がある。そのキャップの裏側に花粉がある

② つまよう枝など先が尖ったもので、まずは花粉親のキャップを外す

③ キャップを外したところ。裏側に黄色い花粉が確認できる

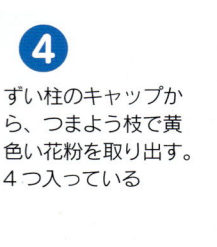

④ ずい柱のキャップから、つまよう枝で黄色い花粉を取り出す。4つ入っている

洋ラン基礎知識

6 授粉を行うまえに、自家授粉しないよう母株のずい柱からキャップごと花粉を取り除く

5 つまよう枝の先についている、黄色いものが花粉だ

キャップを取り除いたずい柱の、下部分がめしべ。中央のくぼんだところに花粉をつける

7

授粉が終わった状態。花粉はめしべの粘り気で自然とくっつく

8

授粉が終わった母株。この後だんだんと花がしおれ、数ヵ月で種がつく

9

授粉後は、掛け合わせた株の名前と日付を明記したラベルを書く

完成 授粉した花の下に、ラベルを取り付けたら完成

10

洋ラン基礎用語

栽培にまつわる用語を知ろう

[あ]

●**アルバ** 洋ランの花の特徴を表す言葉のひとつ。白色の変種のこと。

●**1代交配** 原種の異種間どうしの1代目の交配。F1とも言う。

●**液肥** 濃縮された肥料成分を、水で薄めて施す肥料。即効性はあるがあまり持続性がないため、肥料を必要とする時期には、定期的に施す必要がある。

●**置き肥** 固形肥料の総称。植え込み材の上に置くと、水やりのたびに肥料が溶け出し約1ヵ月間効果が続く。肥料は株の近くに置かないように注意する。

[か]

●**開花株** 適切な管理を行えば、1年以内に開花すると見込まれる大きさの株のこと。開花が可能な株という意味で、花つきの株とは限らない。

●**開花期** 花が咲く時期のこと。種によって時期が異なる。まれに年に2回、開花期がある種もある。

●**花茎（かけい）** 花がつく茎のこと。ステムと呼ぶ。

●**花茎切り** 花茎を切る作業のこと。開花中は養水分を消耗するため、早めに花茎を切って養水分を株の生長にまわす。

●**株分け** 生長した大株を、新芽や根が伸びるスペースを確保するために、いくつかに分けて植え替えること。

●**花弁（かべん）** 3片の花弁のうち、特殊な形の1片をリップ（唇弁）、そのほかをペタルと呼ぶ。

●**寒冷紗（かんれいしゃ）** 遮光ネットとして使用する園芸資材のこと。

●**休眠期** 次の新芽が伸び始めるまで、株が活動を休止する時期のこと。休眠期に花を咲かせる種が多い。時期はおもに種によってばらつきがあるが、おもに晩秋から冬にかけて。休眠期には、水や肥料は生長期ほどは与えなくてもよい。

[こ]

●**原種** 自生地に生息する未交配種。

●**交配種** 交配によってできた種。近年では人工的な交配によって、多くの種が誕生している。

●**コラム（ずい柱）** 花の中央にある塊状、もしくは棒状のもので、おしべめしべに当たる器官が集約されたもの。ランの特徴となっている。

[さ]

●**最低温度** 栽培管理をする際に必要な温度。5～7℃の温度でも管理ができる低温性のセロジネ、オンシジウムがあり、15℃が必要な高温性のファレノプシス、カトレアの仲間がある。デンファレの仲間は18℃以上が必要。

●**遮光** 光を遮って、自生地の環境に近い状態をつくる。木かげや軒下に置いたり、寒冷紗を使って管理。

●**シース** 鞘状（さやじょう）のつぼみなどを包んでいる薄皮の葉。青紫色。

●**セルレア** 花の特徴を表す言葉。花弁とがく片は白色で、リップが黄色以外の色のこと。

●**セミアルバ** 花の特徴を表す言葉。花弁とがく片は白色で、リップが黄色以外の色のこと。

●**セパル** がく片のこと。通常は、上がく片（ドーサルセパル）1片と、下がく片（ロアーセパル）2片を持つ。

●**生長期** 新芽が伸び始め、株の活動が盛んになる時期。種によって異なるが、おもに春から初秋にかけてが多い。

●**ステム** 茎の意味だが、おもに花茎のことをいう場合に用いられる。

●**遮光ネット** 寒冷紗のほか、ダイオランやダイオネットなど、直射日光をさえぎるために使用するネット。

●**シリンジ** 霧吹きなどで葉や茎に霧状の水を吹きかけ湿度を保ったり、温度を下げ暑さをしのいだりする方法。葉水とも言う。

●**支柱立て** バルブや花茎が倒れたり折れるのを防ぐために、ビニールコーティングされた針金などで支えること。

洋ラン基礎知識

[た]

●**高芽（たかめ）** 花芽が伸びるはずのバルブの上部に、花芽ではなく葉と気根がでること。

●**高芽取り** バルブの上部に伸びた高芽を切り離して、別の鉢に植え替えること。

●**単茎性** 1本の茎が葉を出しながら上に向かって生長するもの。ファレノプシス、バンダなどがある。

●**地生ラン** 腐葉土や砂利、粘土質の地表に根を張るランのこと。水分と養分を好む性質がある。

●**着生ラン** 樹木の枝や崖地の壁、岩場などに根を張って、そこにたまった養水分を吸収して生息するラン。根が空気に触れることを好む。

●**トリカラー** 花の特徴を表す言葉のひとつ。3色咲きの花を意味する。

[な]

●**2番花** 一度、花が咲いた花茎を株元から3節くらい残して切り落とすと、そこからもう一度、花が咲く。ファレノプシスなどで2番花を咲かせることができる

が、株が消耗するため毎年は行わない方がよい。

[は]

●**バイカラー** 花の特徴を表す用語。2色咲きの花を意味する。

●**バーク** 針葉樹などの樹皮（木くず）を砕いて、堆積発酵させた植え込み材。

●**バスケット** 細い角材を組み合わせた木製のものやプラスチック製のものがある。根が空気に触れることを好む種の植え付けに使用する。

●**鉢増し** 株が生長し鉢から新芽や根があふれてきた場合に、一回り大きな鉢に植え替える作業のこと。

●**花鞘（はなざや）** 花が咲く前につぼみを包む鞘（さや）のこと。シースとも呼ぶ。

●**花水（はみず）** 湿度を保つため、葉や茎に霧吹きで水を吹きかけること。シリンジとも呼ぶ。

●**花立ち** 頻繁に花がさくことを「花立ちがよい」という。

●**花もち** 花が咲いている期間。長く花が咲くことを「花もちがよい」という。

●**バルブ** 肥大した茎のこと。

●**肥料やけ** 肥料を施しすぎたり、濃度が濃すぎたりして、根が傷んだ状態。

●**複茎性** バルブを横へ出しながら生長するもの。カトレア、デンドロビウム、シンビジウム、パフィオペディラム、シンビジウム、オンシジウム、セロジネなどがある。

●**ペタル** 花弁のこと。リップ（唇弁）以外の2片をペタルと呼ぶ。

●**ヘゴ板** ヘゴという木立性のシダ植物の茎を乾燥させ、板状に加工したもの。おもに着生ランの植え付けに用いる。

●**ほふく茎** バルブとバルブの間にある横に寝たような根茎のこと。

[ま]

●**水ゴケ** もっともよく使われる植え込み材。水もち、肥料もちに優れる。着生ランの植えつけによく使用する。

●**目** リップの喉の部分に現れる、黒や黄色などの斑紋（斑点）のこと。

[や]

●**葉鞘（ようしょう）** バルブを覆って保護する薄皮。カイガラムシがつくことがあるが、はがしておいた方がよいが、新芽はまだバルブが柔らかいため、無理にはがさないようにする。

●**誘引** 支柱などに紐やビニタイでくくって、茎などを誘導する作業。

●**寄せ植え鉢** ギフト用などで見栄えをよくするために、ひとつの鉢にいくつもの株を寄せ植えにした鉢。花を観賞したあと、一株ずつに植え替えるとよい。

[ら]

●**ラベル** どのような株なのか一目でわかるようにした名札。これをなくすと、株の価値が下がってしまう。

●**リード** いちばん新しくできたバルブ、または根茎から出た新芽のこと。生育状態によって、ひとつの株に複数のリードがある場合もある。

●**リップ** 3片の花弁のうち、特殊な形に変化した1片をリップと呼ぶ。唇弁ともいう。

一番新しくできたバルブをリード（新芽）、古いバルブをバックバルブという。

ドラゴンズ ゴールド(Phal.)･･････････ **042**
トリアネー コンカラー 'ベスマリン'(C.)
　････････････････････････････････ **012**
トリカラー (Lyc.)････････････････････ **199**
トリゴノパス(Den.)･･････････････････ **067**
トリコローネ(Bulb.)･････････････････ **177**
ドロシーオカ'ヒノモト'(Lc.)････････ **014**

に
ニュー スター 'レッド リバー'(Den.)･･ **061**

の
ノビレ(Den.)･･･････････････････････ **062**

は
パーキンソニアナ(Epi.)･････････････ **189**
パーシバリアナ'ロザック'(C.)･･･････ **016**
パープラータ アソ'Select-a'(L.)･･････ **013**
パープラータ コンカラー'ウィングカラー'(L.)
　････････････････････････････････ **015**
パープレウム アルバム(Den.)････････ **068**
ハウ ヤン エンジェル'ペコ'(Lc.)･････ **013**
パットデライト'ピンク タンゴ'(V.)･･････ **110**
パニクラタム(Epi.)･･････････････････ **189**
パピリオ(Onc.)････････････････････ **148**
ハマナ シー x ハマナ アイランド(Paph.)
　････････････････････････････････ **093**
ハマナ レーク'ドリーム'(Den.)･･･････ **060**
パリシー (Den.)････････････････････ **062**
ハワイアン スプラシュ'レア'(Slc.)･･･ **009**
バンコック ピンク'ヒロタ'(V.)･････････ **110**
パンデュラータ(Coel.)･･････････････ **165**

ひ
ピエッド ピーター (Cym.)･･･････････ **135**
ピエラルディ (Den.)････････････････ **060**
ヒエログロフィカ(Den.)････････････ **042**
ビオラセア セミ アルバ'コジマ'(C.)･･ **013**
ビオラセア'ミッチ'(P.)･･････････････ **042**
ビカラー'セラ'(C.)･････････････････ **021**
ビッテリアナ(Epi.)･････････････････ **187**
ピノリーノ'アツミドリーム'(Den.)･････ **066**
ビロサム'マグナス ラピス'(Paph.)････ **090**

ふ
ファーメリー (Den.)･････････････････ **062**
ファンシフェラム(Den.)･････････････ **064**
ファンタシー バレー 'スターバースト'(Epi.)
　････････････････････････････････ **188**
ブース サンド レディ (Paph.)･･･････ **091**
フェイスタム(Bulb.)･････････････････ **175**
フォーミデブル(Den.)････････････････ **069**
フタミ(Den.)･･･････････････････････ **067**
プフロラム(Bulb.)･･････････････････ **177**
ブラクテッセンス(Enc.)･････････････ **188**
ブラザー オコネー (Phal.)･････････････ **040**
フラシダ(Coel.)･･･････････････････ **164**
フラバ(L.)･････････････････････････ **018**
フラビダ(Coel.)･･･････････････････ **165**
フリー スピリット'レア'(Pot.)･････････ **017**

ブリゲリー (L.)･････････････････････ **018**
プリズムバレー x スターバレー (Epi.)
　････････････････････････････････ **188**
プリプリ'ユキ'(Lc.)･････････････････ **016**
プリムリナム(ベトナム)(Den.)･･････ **066**
フルギダム(Den.)･･････････････････ **064**
フレッチェリアナム(Bulb.)･････････ **174**
フロスティ (Bulb.)･････････････････ **175**
フロリバンダ(Epi.)･････････････････ **189**
ブロンカルティ (Den.)･･････････････ **063**

へ
ベラチュラム'M'(Paph.)････････････ **092**
ベレイス(Paph.)･･･････････････････ **092**
ヘンティ (Lyc.)･････････････････････ **199**

ほ
ホホエミ'リバティ ベル'(Den.)･･････ **061**
ホワイト スパーク'ユーシン'(Lc.)･･･ **008**
ホワイト ナイト'サー ワートン'(Paph.)
　････････････････････････････････ **095**

ま
マグダレナエ(Angcm.)･･････････････ **125**
マリー グリーン'スプリング ウィンド'(Cym.)
　････････････････････････････････ **135**
マリエ(Phal.)･･････････････････････ **041**
マルモラータ(Coel.)･･･････････････ **164**

み
ミクランサム(Paph.)･･･････････････ **092**
ミニ ホワイト(Cym.)･･･････････････ **135**
ミニデンファレ ピンク(Den.)･････････ **069**
ミニデンファレ レッド(Den.)････････ **069**
ミヤケイ(Den.)････････････････････ **060**
ミラクル バレー 'アイゴ'(Epi.)･･･････ **187**
ミレリー (L.)･････････････････････ **020**

む
ムーレアナ(Coel.)･････････････････ **163**
ムルティフローラ(Coel.)････････････ **163**

め
メドゥーセ(Bulb.)･･････････････････ **176**
メモリア フクバ(Coel.)･･････････････ **162**
メモリア ヘレンブラウン'スイート アフトン'
　(Blc.)････････････････････････ **017**
メリリー (Vanda)････････････････ **110**
メンデリー (C.)･････････････････････ **014**

も
モシエ アルバ'オーバーヘアー'(C.)････ **016**

ゆ
ユニフローラ アルバ(Coel.)････････ **165**
ユニフローラ(Coel.)････････････････ **165**

ら
ラウェシー 'TK-617'(Den.)････････ **063**
ラズベリー 'ミレ フェイル'(Cym.)･････ **134**

ラッキー フラワー 'アンミツヒメ'(Cym.)
　････････････････････････････････ **135**
ラブノット'サトー'(Slc.)･･････････････ **009**
ランセアナム(Onc.)････････････････ **148**
ランディ (Enc.)････････････････････ **187**

り
リーミアナム'アベ'(Paph.)･･････････ **090**
リューコキラム(Paph.)･･････････････ **094**
リューコキラム'ゴールデンカプリコーン'
　(Paph.)･･････････････････････ **094**

る
ルゾニカ(V.)･･･････････････････････ **112**
ルデマニアナ アルバ'メルティ イエロー'(C.)
　････････････････････････････････ **016**
ルデマニアナ バーバスティアニ(Phal.)
　････････････････････････････････ **041**
ルリダム(Onc.)････････････････････ **149**

れ
レオニス(Angcm.)･････････････････ **125**
レオパード プリンス'ソゴー 1138'(Phal.)
　････････････････････････････････ **041**
レツサ'イチカワ'(Rhyn.)･･･････････ **113**
レッド ミニ'リトル チェリー'(Onc.)････ **148**
レティアナ(ウシタエ)(Coel.)･･････ **164**
レボルタム(Epi.)･･･････････････････ **186**

ろ
ロードスティクタ(Den.)･････････････ **068**
ローレンセアナ(C.)････････････････ **011**
ローレンセアナム(Coel.)････････････ **164**
ロクセニー (Coel.)･････････････････ **162**
ロスチャルディアナム(Bulb.)･･･････ **174**
ロズリー ピッツ(Paph.)･････････････ **092**
ロバート デライト'ガーネット ビューティ'(V.)
　････････････････････････････････ **111**
ロバート デライト'トウ ブルー'(V.)･･ **112**
ロルフェイ(Paph.)･････････････････ **091**
ロンギスコット'レア'(Angcm.)･･････ **125**

わ
ワーセウィッチ'HIF-002'(C.)･･････ **011**
ワーセウィッチ'カティア'(C.)････････ **015**
ワーディ (Paph.)･･･････････････････ **094**
ワルケリアナ セルレア'エドワード'(C.)
　････････････････････････････････ **012**
ワルケリアナ ペロ―ラ'ビーナス'(C.)･･ **015**
ワルケリアナ'ネム センプレ'(C.)･･････ **010**

■主な属名の略語
カトレア(C.)、ファレノプシス(Phal.)、
デンドロビウム(Den.)、パフィオペディラム(Paph.)、
バンダ(V.)、アングレカム(Angcm.)、
シンビジウム(Cym.)、オンシジウム(Onc.)、
セロジネ(Coel.)、バルボフィラム(Bulb.)、
エピデンドラム(Epi.)、リカステ(Lyc.)

品種カタログ索引

あ
アイアンサ ステージ(Paph.)・・・・・・・・・091
アイレン ホルギン'スイート スプリング'(C.)
・・・・・・・・・010
アグレガタム(Den.)・・・・・・・・・064
アメジストグロッサ セルレア'GT'(C.)・・・021
アメジストグロッサ(C.)・・・・・・・・・009
アメジストグロッサ'マサエ'(C.)・・・・・・011
アメジストグロッサム(Den.)・・・・・・・063
アモフィラム(Epi.)・・・・・・・・・188
アロハ イワナガ(Onc.)・・・・・・・・・149
アロマティカ(Lyc.)・・・・・・・・・198
アンゲレリー (L.)・・・・・・・・・020

い
イザベル ストーン(Lc.)・・・・・・・・・008
インシグネ(Paph.)・・・・・・・・・093
インターメディア V. デリカータ(C.)・・・013
インターメディア アクイニー オルラータ
'キングオブ リオ グランド'(C.)・・・・015
インターメディア(Coel.)・・・・・・・・・162
インターメディア 'Select-A'(C.)・・・・・014
インペリアル ウィング'ノーブル'(Lc.)・・008

う
ウシタエ(Den.)・・・・・・・・・067

え
エキノラビューム(Bulb.)・・・・・・・・・175
エクセル'アモール'(Cym.)・・・・・・・・・134
エクレリアナム(Angcm.)・・・・・・・・・124
エバー スプリング ライト'ヨンシン'(P.)
・・・・・・・・・043
エバルディ (Bulb.)・・・・・・・・・174
エランギス ピロバ(Aer.)・・・・・・・・・124
エランサス グランディオス'シンイン'
(Aeranthes)・・・・・・・・・124
エリザベス アン'バックルベリー'(Bulb.)
・・・・・・・・・174
エリザベス パウエル'ヨーゴ'(Lyc.)・・・・・198
エルドラド(C.)・・・・・・・・・010
エロンガタム(Epi.)・・・・・・・・・187

お
オオイソ(Cym.)・・・・・・・・・134
オクラセア(Coel.)・・・・・・・・・163
オドラタ(Aerides.)・・・・・・・・・113
オリンパス'エベレスト'(Angcst.)・・・・・199
オルキラ'チルトン'(Paph.)・・・・・・・・090

か
ガーミヤナム(Angcm.)・・・・・・・・・124
カオリノイズミ(Onc.)・・・・・・・・・151
ガットンサンレイ(Den.)・・・・・・・・・066
カプチュリフロラム(Den.)・・・・・・・068

カランキュラタム(Bulb.)・・・・・・・・・176
カリヒ(Onc.)・・・・・・・・・151

き
ギガンティア(Phal.)・・・・・・・・・042
キャンディ ラブ'ドキドキ'(Den.)・・・・・062
キャンディレース'ロングライフ'(C.)・・・012
キラウエア'ハワイ'(Oncda.)・・・・・・148

く
クスバートソニー (Den.)・・・・・・・・・065
クチュラタム(Bulb.)・・・・・・・・・177
クラウン フォクス'スイート ハード'(Lc.)
・・・・・・・・・014
クラシフォリア(Aerides.)・・・・・・・・・112
グラベオレンシス(Bulb.)・・・・・・・・・177
グラミニフォリア(Coel.)・・・・・・・・・162
グランディフロラム(Bulb.)・・・・・・・176
クリスタータ(Coel.)・・・・・・・・・163
クリスパータ(L.)・・・・・・・・・008
クリソトキサム(Den.)・・・・・・・・・065
クリソペタラム(Den.)・・・・・・・・・065
クリレート トゥリー 'レッド ヘッド' x
ハマナ アン(Paph.)・・・・・・・090
クルエンタム(Den.)・・・・・・・・・068
グレート カティ 'ハナコ'(Cym.)・・・・・134
クロエサス(Onc.)・・・・・・・・・150

け
ケイロフォルム(Onc.)・・・・・・・・・149

こ
コーディゲラ(Enc.)・・・・・・・・・186
ゴールデンゼル'レモン シフォン'(Blc.)
・・・・・・・・・017
コクシネア'センダイ'(S.)・・・・・・・・・019
コクレアタ(Epi.)・・・・・・・・・186
コルヌーセルビ(Phal.)・・・・・・・・・043

さ
サイアム ジェード'アボ'(Epc.)・・・・・・017
サニー ハーモニー 'HCN-28'(Pot.)・・・018
サン ジェイ ダイアモンド'ノース ボート'
(Dtps.)・・・・・・・・・040
サンデリアナ(Phal.)・・・・・・・・・041
サンライズドール'U-14'(Slc.)・・・・・019

し
シーブリーズ'F'(C.)・・・・・・・・・012
シトリナ(Ren.)・・・・・・・・・113
ジョイス ハセガワ(Paph.)・・・・・・・095
ショーナン ビート(Lyc.)・・・・・・・・・198
ショールヘブン(Lyc.)・・・・・・・・・199
ジョネシアナム(Onc.)・・・・・・・・・151
シリアレ(Epi.)・・・・・・・・・189
シルシフロラム(Den.)・・・・・・・・・067
シレリアナ(C.)・・・・・・・・・020
シレリアナ(Phal.)・・・・・・・・・040
シレリアナ'ブルー ライティング'(C.)
・・・・・・・・・021

シンナバリアナム(Den.)・・・・・・・・・065

す
スーパースター 'S.B'(Onc.)・・・・・・・150
スーパーバム(Den.)・・・・・・・・・063
スキンネリー'ピンク レモネード'(Lyc.)・・198
スターティアナ(Phal.)・・・・・・・・・043
ステイシー (Onc.)・・・・・・・・・149
ステファニー ピタ x ハマナシー (Paph.)
・・・・・・・・・093
スパニシュ アイ'ティアンミン'(Pot.)・・・018
スピセリアナム(Paph.)・・・・・・・・・094
スミリエ(Den.)・・・・・・・・・064
スラウェッシー (Bulb.)・・・・・・・・・176

せ
セクンダム(Den.)・・・・・・・・・061
セボレタ(Onc.)・・・・・・・・・150
セルヌア(S.)・・・・・・・・・019
セルヌア(Soph.)・・・・・・・・・020
セルレア(V.)・・・・・・・・・111
セントラデニウム(Epi.)・・・・・・・・・186

そ
ソゴー チャブスティック(Dtps.)・・・・・043
ソムスリ ゴールド(Ascda.)・・・・・・・113

た
ダイアナム(Bulb.)・・・・・・・・・175
タンニー (Den.)・・・・・・・・・061

ち
チェリオ'リム ウッド'(Sl.)・・・・・・・・・009
チェンイエ "ツェン ウェン'(Blc.)・・・・・019
チェンマイ ブルー (V.)・・・・・・・・・111
チョチャロッド 'YE フォックズ'(Ryn.)・・・112
チン ファ ルビー 'リトル チェリー'(Dtps.)
・・・・・・・・・040

つ
ツヤ イケダ'オーイソ'(Paph.)・・・・・・095

て
ディスティカム(Angcm.)・・・・・・・・・125
デカエオイデス(Den.)・・・・・・・・・060
テネブロッサ'レインフォーレスト'(L.)・・021
デルロージー (Paph.)・・・・・・・・・091
テレス(V.)・・・・・・・・・110
デレナティ'スプリング リバー'(Paph.)・・095
デンシフローラム(Den.)・・・・・・・066
デンファレ スリーリップ(Den.)・・・・・069

と
トゥインクル ホワイト(Onc.)・・・・・・・151
トウキョー ブルー (V.)・・・・・・・・・111
トゥリフェラム(Onc.)・・・・・・・・・150
ドール ゴルディ (Paph.)・・・・・・・・・093
ドナ キムラ'パラダイス タミ'(Bc.)・・・011
トライアンファル コロネーション'セド'(Blc.)
・・・・・・・・・010

● 撮影協力
　(有)ヒロタ インターナショナル フラワー

● 撮影
　上林德寬

● 写真協力
　(有)ヒロタ インターナショナル フラワー
　田口洋蘭園、田中哲

● イラスト
　鈴木加代子

● カバーデザイン
　スーパーシステム　吉田亘

● デザイン・カット
　BERTH OFFICE　菊地博德　大毛里紗

● 取材・編集
　(株)じゅわ樹　相坂喜久代　鎌谷善枝
　杉山正博

● 企画・編集
　成美堂出版編集部　宮原正美

監修
広田哲也
（ひろたてつや）

プロフィール
1954年生まれ。1977年東海大学工学部通信工学科卒業。同年、外山雄三氏の研修を受け、1978年から広田園芸で洋ラン部を担当する。1988年、(有)ヒロタインターナショナルフラワーを設立し代表取締役に。JOGA審査員。サカタのタネ指定業者。各蘭趣味の会会員。ACWJ相談役。藤沢市長久保公園洋蘭講師などを務める。洋ランに関する著書多数。趣味は、洋ランの自生地を巡る旅行や写真撮影および、音楽（バンド活動）。

やさしい洋ランの育て方事典

監　修　広田哲也（ひろたてつや）
発行者　深見公子
発行所　成美堂出版
　　　　〒162-8445　東京都新宿区新小川町1-7
　　　　電話(03)5206-8151　FAX(03)5206-8159
印　刷　共同印刷株式会社

©SEIBIDO SHUPPAN 2010　PRINTED IN JAPAN
ISBN978-4-415-30769-5
落丁・乱丁などの不良本はお取り替えします
定価はカバーに表示してあります

・本書および本書の付属物を無断で複写、複製(コピー)、引用することは著作権法上での例外を除き禁じられています。また代行業者等の第三者に依頼してスキャンやデジタル化することは、たとえ個人や家庭内の利用であっても一切認められておりません。